Die Zubereitung von Mahlzeiten
ist die höchste menschliche Kunst.
Sie entscheidet über Glück und Unglück,
Gesundheit und Krankheit,
Klugheit oder Unwissenheit,
Genie oder Dummheit
und sogar über eine höhere oder niedrigere Ebene
der Menschlichkeit und der Spiritualität.

BenefitFoods®

Kochkunst aus der Geroder Klosterküche
Vegetarische und vegane Rezepte

– Band 1 –

Liebe Leserin, lieber Leser,

Seit vier Jahrzehnten befassen wir uns sowohl praktisch als auch wissenschaftlich mit den Prinzipien ganzheitlicher Gesundheit und ihrer Anwendung in der Ernährung. Nach unserer Erfahrung hat die Qualität von Nahrung eine direkte gesundheitliche und regenerative Wirkung auf Körper, Emotion und Geist. Sie bestimmt unsere Lebensqualität ebenso wie die Möglichkeiten unserer spirituellen Entwicklung.

Wir sehen gesunde Ernährung auf der Grundlage eines ökologischen Anbaus als essentiell für ganzheitliche Gesundheit bis ins hohe Alter. Dies setzen wir auf unseren Feldern, in den Heilgärten und in der Geroder Klosterküche zum Wohl der vielen Menschen praktisch um, die uns von nah und fern im Kloster Gerode aufsuchen.

Gesundheitsförderung, Gesundheitsprävention und Bildung sind seit 1977 unsere satzungsgemäßen Aufgaben, die wir mit viel Begeisterung verwirklichen. Dies findet Ausdruck in allen vier Säulen unserer gemeinnützigen Arbeit, die eine Integrale Gesundheits- und Lebenspraxis ermöglicht:

Gesund leben, Ausbilden, Pflegen und Heilen.

Weg der Mitte bietet ein weites Lernfeld für ein gesundes Leben – mit nachhaltiger Wirkung. Wir laden Sie herzlich dazu ein, daran teilzuhaben – hier durch unser Kochbuch BenefitFoods®.

Gesunde Ernährung im Kloster Gerode – ein wichtiger Baustein ganzheitlicher Gesundheit

Gesundheitsfördernde Strategien kennen zu lernen und zu praktizieren, um sie im eigenen Alltag integrieren zu können, sind wichtige Aufgaben des Lernfeldes im Weg der Mitte Kloster Gerode. Besonders die BenefitKuren® und BenefitGesundheitsprogramme®, die Aus- und Fachfortbildungen sowie die Meditationsretreats bieten allen Teilnehmern intensive Lernzeiten mit einer Fülle von Informationen, Übungs- und Umsetzungsmöglichkeiten sowie der direkten Erfahrung, wie sich Lebensstil und Lebensrhythmus, das Miteinander und das Eingebettetsein in die Natur auf die eigene Gesundheit auswirken.

Wir nehmen Nahrung auf verschiedenen Ebenen zu uns – diese Ebenen sind lebensnotwendig und bestimmen maßgeblich unsere Gesundheit und unsere Lebensqualität. Der Atem ist ebenso Nahrung wie die Eindrücke von außen und aus dem Inneren des Körpers. Sie können uns nähren oder Risikofaktoren verstärken und sind viel bedeutsamer, als gemeinhin bekannt ist.

Bekömmliche Nahrung – auf allen Ebenen – fördert ein gesundes Wachstum, während unverträgliche Nahrung ein Grund für das Entstehen von Krankheiten ist. Was bekömmlich ist, ist abhängig vom Körpertyp, der Konstitution und dem gesundheitlichen Zustand des jeweiligen Menschen. Außerdem haben unter anderem Qualität und Menge der Nahrung, Essenszeit, Herstellungsweise, Ort und Lagerzeit einen Einfluss auf die Bekömmlichkeit. Nur die Nahrung ist gesundheitsfördernd, die das delikate Körpergleichgewicht erhält und zur Eliminierung

links: Mangold aus dem Klostergarten
rechts: Teilansicht von Klostergarten und -park

der belastenden Faktoren beiträgt. Unsere Jahrzehnte lange Erfahrung hat gezeigt, dass es von größerer Wichtigkeit sein kann, wie viele Nährstoffe ein Körper wirklich aufnehmen kann, als wie viele Nährstoffe sich in einem bestimmten Nahrungsmittel befinden. Wichtig ist auch zu erkennen, dass sowohl unsere Gedanken als auch unsere Emotionen eine direkte Auswirkung auf den Atem und unsere Verdauung haben.

Der Körper besitzt natürlicherweise einen starken aktiven Ausgleichsmechanismus, der schon bei der geringsten Störung nach Substanzen oder Zuständen strebt, die das Gleichgewicht wieder herstellen können. Alle Stoffe können der Gesundheit dienen oder ihr schaden, es gilt jeweils individuell herauszufinden, welchen Einfluss ein Nahrungsmittel auf den Körper ausübt. Je natürlicher unsere Nahrung ist und je achtsamer wir werden, desto eher können wir Störungen und Einflüsse wahrnehmen und Imbalancen ausgleichen.

Die Wirkungen von Nahrungsmitteln zu beobachten und während des Essens den Geschmack wahrzunehmen, ist viel komplexer als man unmittelbar denkt. Erst nach einer Weile werden Einzelheiten deutlicher erkennbar. Zunächst erleben wir, dass alle Lebensmittel einen vorherrschenden Geschmack haben, der im Mund als erster Eindruck wahrnehmbar ist, und dann einen Nebengeschmack, der sich während des Kauens im Mund im Hintergrund entfaltet. Jeder Geschmack nährt den Körper auf ganz bestimmte Art und Weise. Alle Geschmacksrichtungen sind für uns essentiell. Jeder Mensch erlebt, dass ihm ein bestimmter Geschmack besonders zusagt und dass er andere Geschmacksrichtungen eher meidet. Die folgenden sechs Hauptgeschmacksrichtungen – süß, sauer, salzig, scharf, bitter, adstringierend, (zusammenziehend) – stehen direkt mit unseren Körperenergien in Beziehung, die bestimmend für unsere Konstitution sind.

Der süße Geschmack z. B. gilt als wertvoll und nährend für alle Gewebe. Er fördert das Substanz und Stabilität gebende Prinzip, welches auch für Langlebigkeit und Kraft des Körpers sorgt. Im Übermaß genossen fördert er unerwünschte Eigenschaften, wie Trägheit, Übergewicht, Schläfrigkeit, Ödembildung und Verschleimung.

Der salzige, der saure und der scharfe Geschmack haben eine erhitzende Wirkung und regen u. a. den Appetit, die Verdauungskraft sowie die geistigen Funktionen an und steigern die Sinnesschärfe. Übermäßig genossen führen sie jedoch zur Übersäuerung des Magens und zu Reizbarkeit.

Der bittere und der adstringierende Geschmack fördern das Prinzip im Körper, das die Verteilung der Nährstoffe und die Ausscheidung anregt, kühlend wirkt und dem Körper Leichtigkeit gibt. Im Übermaß können sie Trockenheit und Kälte im Körper verstärken.

Die Ausgewogenheit und Balance der sechs Geschmacksrichtungen sind wichtig. Alle sechs sollen in

einer vollwertigen Gesamtmahlzeit vorhanden sein, damit sämtliche Bereiche des Körpers und seine Sinnes- und Geistesfunktionen angesprochen und genährt werden. Daher werden in der Geroder Klosterküche auch verschiedene Gerichte unterschiedlicher Geschmacksrichtungen kombiniert – ein wichtiger Schlüssel zu einer gesunden Ernährung.

Im Hauptgericht zählen Reis und Brotbeilage z. B. zu den süßen, nährenden Speisen, ebenso die Chutneys, die zusätzlich auch scharf gewürzt sein können. Linsengerichte und Bohnen gehören zu den adstringierenden Speisen, alle Salze, Sojasauce und auch Meeresalgen gelten als salzig. Gurken, Spinat und andere Blattgemüse gelten als bittere, Zitronen, Tomaten, Joghurt und Essig z. B. als saure Lebensmittel.

Die süße Geschmackskomponente ist im Kloster Gerode meist in der Hauptmahlzeit enthalten, da durch Süßes *zum Ende einer Mahlzeit* schneller wieder Hunger entstehen würde.

Nach dem Essen können bittere, leicht scharfe Gewürze, wie z. B. Fenchel-, Kreuzkümmel- und Sesamsamen gereicht werden, die dem Körper die Verdauung erleichtern und den gesamten Mund- und Magenbereich erfrischen.

Neben der Kombination der verschiedenen Geschmacksrichtungen kommt es auch auf die Beschaffenheit und sonstigen Eigenschaften der Gerichte an. Eine Speise kann z. B. warm oder kalt, trocken oder feucht, leicht oder schwer, weich oder fest, glatt oder rau, klar oder trüb sein. Auch hier wird darauf geachtet, dass die Mahlzeit verschiedene Komponenten beinhaltet.

Die Kombination von warmen Speisen mit kalten Saucen kann daher besonders reizvoll sein. Wir servieren gerne Raita, eine kühlende Joghurt-Sauce, oder manchmal ein kühlendes Lassi zum Hauptgericht. Eine Suppe, naturgemäß flüssig, kann mit gerösteten Sonnenblumen oder Sesamkörnern garniert werden, eine eher ölige Speise verlangt dagegen nach einer trockenen Beilage oder einem entsprechenden Gewürz. Dabei achten wir darauf, dass auch jedes einzelne Gericht in sich harmonisch abgestimmt ist.

Lass die Nahrung Deine Medizin sein

In den BenefitKuren® und BenefitGesundheitsprogrammen® im Weg der Mitte bieten wir eine spezielle Heilkost. In den Azidose-Detox-Kuren z. B. servieren wir eine basenüberschüssige, allergen- und reizstoffarme Nahrung zur Regulierung des Säure-Basen-Gleichgewichts. Auf Anfrage bereitet die Geroder Klosterküche auch individuell vegane Gerichte zu. Spezielle Nahrungsvermittelunverträglichkeiten oder Allergien werden ebenfalls berücksichtigt.

Lassen Sie sich verzaubern von der Mannigfaltigkeit der Sinneseindrücke und der Geschmacksvielfalt. Erleben Sie, welche Wirkung auf den Körper durch die Qualität der Nahrung und das Umfeld beim Essen entsteht. Wer schon einmal im Kloster Gerode war, hat auch die wohltuende Wirkung des achtsamen Essens in Stille erleben können. Auch Kinder lassen sich gerne dazu einladen – probieren Sie es zuhause für einige Minuten aus und spüren Sie, wie alle während der gemeinsamen Mahlzeit zur Ruhe kommen.

Im Folgenden finden Sie sowohl eine Auswahl köstlicher internationaler Rezepte aus der Geroder Klosterküche (berechnet für jeweils vier Personen, wenn nicht anders angegeben) mit Anregungen, wie eine gesunde Ernährung sinnvoll und vielfältig zusammengestellt werden kann, als auch Einblicke in die gesundheitlichen Wirkungen verschiedener Nahrungsmittel.

Viel Freude beim Kochen und Genießen –
lassen Sie sich inspirieren!

Wir wünschen Ihnen GUTEN APPETIT,
Ihr Weg der Mitte-Team im Kloster Gerode

Inhaltsverzeichnis – Rezepte

Gemüsegerichte

ab Seite 47

Glasierte Möhren, Alujeera – Kreuzkümmel-Kartoffeln, Sojaragout mit Tomaten und Zwiebeln, Auberginengemüse mit Kokosmilch, Mariniertes Ofengemüse, Grüne Bohnen nach südindischer Art, Süßkartoffelpüree, Brokkoli- und Blumenkohl-Pakora, Fenchel in Orangensauce, Grünkohl mit Champignons und Tofu, Kohlrabi-Gratin, Kürbis-Champignon-Pfanne, Auberginen-Moussaka, Chicorée in Sesamsauce, Pak-Choi-Auflauf mit Blätterteig, Gefüllte Champignons, Porreeschnecken, Rote Bete mit Schafskäse, Rote Bete „Winterzauber", Sellerieschnitzel, Zucchinipuffer, Spinat mit Schafskäse, Gefüllte Tomaten, Gebackene Süßkartoffeln, Mangoldbällchen

Tofu, Seitan & Co

ab Seite 79

Chili con Seitan, Chinagemüse mit Tofu und Reis, Dhal von Kichererbsen, Dhal von gelben oder roten Linsen, Gebackener Schafskäse, Tofu im Sesammantel, Seitan in Rahmsauce, Knusprige Tempeh-Taler, Tofu-Sesam-Happen mit Chili-Dip

Reis, Getreide, Kartoffeln

ab Seite 93

Rosinenreis mit Cashewnüssen, Polenta-Pizza, Tabouleh, Kartoffel-Apfel-Auflauf, Bulgur auf türkische Art, Hirseblume, Salbeikartoffeln mit Fenchel

Saucen

ab Seite 103

Basilikumsauce, Sauce à la Marie, Möhrensauce, Meerrettichsauce, Kapern-Tofu-Zucchini-Sauce, Paprikasauce, Tomatensauce ayurvedisch, Buttermilch-Curry-Sauce

Raitas & Chutneys

ab Seite 111

Apfel-Chutney mit Sternanis, Aprikosen-Bananen-Chutney, Möhren-Raita, Gurken-Raita, Pfefferminz-Raita, Rote-Bete-Raita, Tomaten-Chutney

Desserts

ab Seite 123

Aroniapudding, Beerentraum, Erdbeerschnee, Erdbeeren in Sanddornsauce, Veganer Himbeerkuchen, Mango-Lassi, Lassi mit Rosenwasser, Pfirsich-Lassi mit frischer Minze, Tiramisù, Harzer Gebirgstorte, Stracciatella-Quark, Laddu, Waffeln mit Herz, Waffeln - gluten- und eifrei

Weitere Köstlichkeiten

ab Seite 143

Brot und Brötchen, Rote-Bete-Meerrettich-Brotaufstrich, Frischkäse-Zitronen-Brotaufstrich, Möhren-Brotaufstrich, Polenta-Frühstücksbrei, Buchweizen-Frühstücksbrei, Geröstete Sonnenblumenkerne, Gesalzene Cashewnüsse, Pachana, Chai – indischer Gewürztee

Inhaltsverzeichnis – Artikel / Lebensmittelkunde

Suppen

Tomaten-Orangensuppe
Minestrone mit Ingwer
Petersilienwurzelcremesuppe
Süßkartoffelcremesuppe
Miso-Suppe
Zucchinicremesuppe
Möhrencremesuppe
Mangoldsuppe
Erbsensuppe mit Minze
Rote-Bete-Linsensuppe mit Zitrone

Tomaten-Orangensuppe

mit Croûtons

Zutaten:

50 g	Butter
100 g	Zwiebeln, fein geschnitten
1 kg	reife Tomaten, geviertelt
1	Orange, ausgepresst
	¼ Bio-Orange, abgeriebene Schale
1 - 2 TL	Basilikum, gehackt
1	kleines Lorbeerblatt
1 TL	brauner Rohrohrzucker
1 Prise	Pfeffer, frisch gemahlen

Zutaten Croûtons:

3 Scheiben	Toastbrot oder Vollkornbrot
2 EL	Butter oder Ghee
1 Prise	Salz

Zubereitung:

Butter in einem Topf bei schwacher Hitze zergehen lassen, Zwiebeln zugeben und glasig, aber nicht braun dünsten. Tomaten, Orangensaft und die abgeriebene Schale, Basilikum und Lorbeerblatt hinzufügen. Die Suppe aufkochen lassen. Die Hitze mildern und 15 Minuten leicht kochen lassen, bis die Tomaten zerfallen. Die Suppe pürieren und mit Rohrohrzucker und Pfeffer abschmecken.

Wenn die Konsistenz zu dickflüssig ist, mit Wasser auf 900 ml auffüllen und noch einmal aufkochen.

Croûtons:

Von den Brotscheiben die Rinde abschneiden und die Scheiben in 1 cm große Würfel schneiden. Butter oder Ghee in einer Pfanne bei schwacher Hitze schmelzen. Brotwürfel hinein geben und knusprig rösten. Auf Küchenkrepp abtropfen lassen und mit Salz bestreuen.

Info: Tomaten enthalten Lykopin, ein sekundärer Pflanzenstoff, der in der komplementären Krebstherapie eine große Rolle spielt und zur Gruppe der Carotinoide gehört. Durch das Garen wird es für die Verdauung leichter zugänglich, ebenso erhöht die Zugabe von etwas Fett die Resorption im Körper. Tomatenmark und Passata sind als eingekochte Tomatenprodukte besonders reich an Lykopin und sind, speziell im Winter, als Grundlage für die Suppe hervorragend geeignet.

Minestrone mit Ingwer

Vegan

Zutaten:

50 g	Kohlrabi
50 g	Kartoffeln
50 g	Porree
50 g	Möhren
30 g	Sellerieknolle
2 EL	Olivenöl
½ TL	Kreuzkümmel, gemahlen
1 TL	frischer Ingwer, gerieben oder fein gewürfelt
1 l	Wasser
	Salz
	Pfeffer
	Petersilie, fein gehackter Porree oder Schnittlauch

Zubereitung:

Gemüse sehr fein in Würfel, Scheiben oder Streifen schneiden und in dem Olivenöl sanft anbraten. Kreuzkümmel und Ingwer dazugeben. Wasser aufgießen und die Suppe ca. 5 Minuten kochen lassen, bis das Gemüse bissfest ist. Mit Salz und Pfeffer würzen.

Suppe mit frischer Petersilie, fein gehacktem Porree oder Schnittlauch garnieren.

Die Schärfe der Suppe lässt sich variieren, indem man mehr oder weniger Ingwer verwendet.

Info: Ingwer wirkt erwärmend, entzündungshemmend, blutdrucksenkend. Seine ätherischen Öle regen das Verdauungsfeuer an und stärken das Immunsystem. Frischer Ingwer ist auch hilfreich bei Unwohlsein im Magen.

Vegan

Petersilienwurzelcremesuppe

mit Mandel-Pesto

Zutaten:

500 g	Petersilienwurzel
25 g	Zwiebeln
3 EL	Olivenöl
750 ml	Gemüsebrühe
100 ml	Sahne
	Salz
	Pfeffer
1 Msp	Muskatnuss, gerieben
40 g	ganze Mandeln
1 Bund	Rucola, gewaschen
40 g	Mandeln, gehobelt oder gehackt

Zubereitung:

Petersilienwurzeln schälen und würfeln. Zwiebel hacken, in 1 EL heißem Öl andünsten. Gemüsewürfel hinzufügen, Brühe angießen und ca. 25 Minuten köcheln lassen, anschließend pürieren. Sahne zugeben, Suppe noch einmal heiß werden lassen (nicht mehr kochen!). Mit Salz, Pfeffer und etwas Muskatnuss würzen.

Das Pesto:

Mandelkerne und Rucola in der Küchenmaschine zerkleinern, mit Salz und 2 EL Olivenöl zu einem Pesto verrühren. Gehobelte oder gehackte Mandeln in einer beschichteten Pfanne ohne Fett anrösten und mit dem Pesto über die Suppe geben.

Leckere Varianten: Die Petersilienwurzeln teilweise durch Sellerie oder weiße Möhren ersetzen. Wenn etwa die Hälfte mehr Gemüse verwendet wird, ist die Suppe nach dem Pürieren auch ohne Sahne sämig. Soja-, Reismilch oder Hafer-Cuisine sind geeignet als Alternative zu Sahne.

Süßkartoffelcremesuppe

Zutaten:

1 EL	Butter
40 g	Zwiebeln, geviertelt
400 g	Süßkartoffeln, geschält und in große Würfel geschnitten
100 g	Tomaten, gewürfelt
1 l	Gemüsebrühe
⅛ l	Sahne
½ TL	Kurkuma
1 Prise	schwarzer Pfeffer
	Salz
etwas	geschlagene Sahne zum Garnieren
etwas	Kerbel oder Petersilie

Zubereitung:

Zwiebeln in der Butter anschmoren. Süßkartoffel- und Tomatenwürfel dazugeben. Mit der Gemüsebrühe ablöschen und zum Kochen bringen.
Wenn das Gemüse weich ist (ca. 30 Minuten Kochzeit), Sahne hinzufügen und mit dem Pürierstab pürieren. Mit den Gewürzen abschmecken.
Mit geschlagener Sahne und/oder Kräutern dekorieren.

Info: Süßkartoffeln enthalten Inulin. Es senkt den Blutzuckerspiegel, fördert eine gesunde Darmflora und bewirkt ein lang anhaltendes Sättigungsgefühl.

Miso-Suppe

Vegan

Zutaten:

1 Stück	Wakame-Algen (ca. 20 - 30 g)
50 g	Tofu natur
50 g	Kartoffeln
50 g	Möhren
50 g	Zwiebeln
1 l	Wasser
2 EL	Miso-Paste
evtl.	Shoyu, Zitronensaft
1 EL	Porree-Ringe, fein geschnitten

Zubereitung:

Algen ca. eine halbe Stunde in kaltem Wasser einweichen und anschließend in mundgerechte Stücke schneiden. Tofu und Kartoffeln in feine Würfel, Möhren und Zwiebeln in feine Streifen schneiden. Kaltes Wasser in einen Topf gießen, Algen, Tofuwürfel und das fein geschnittene Gemüse dazugeben. Die Suppe bis zum Kochpunkt erhitzen. Wenn die Gemüse klein genug geschnitten sind, sind sie jetzt bissfest gar. Ansonsten noch kurz weiter kochen lassen. Dann den Topf vom Herd nehmen. Miso-Paste in ein Schälchen geben, etwas von der heißen Brühe hinzufügen und mit einem Schneebesen verrühren. Diese Miso-Brühe in die Suppe geben und gleichmäßig unterrühren. Ab diesem Zeitpunkt die Suppe nicht mehr kochen.

Eventuell zustätzlich mit Shoyu und Zitronensaft abschmecken. Die Suppe zum Servieren in tiefe Teller füllen und mit den Porree-Ringen bestreuen.

Info: Miso ist eine japanische Sojabohnenpaste, die vor allem zur Zubereitung von Suppen verwendet wird. Es gibt verschiedene Sorten von Miso, am lieblichsten schmeckt das helle Miso, auf japanisch „Shiro-Miso".

Zucchinicremesuppe

Zutaten:

25 g	Zwiebeln, fein geschnitten
750 g	Zucchini, gewürfelt
250 g	Kartoffeln, gewürfelt
2 EL	Olivenöl
1 l	Wasser
	Salz und Pfeffer
2 TL	Basilikum oder Basilikumpesto
150 ml	Sahne

Zubereitung:

Zwiebeln, Zucchini und Kartoffeln mit Olivenöl anbraten.

Mit Wasser aufgießen, Salz und Pfeffer dazu geben und 20 Minuten köcheln lassen. Anschließend die Suppe pürieren und mit Salz, Pfeffer, Basilikum oder Basilikumpesto und Sahne abschmecken.

Vegan

Möhrencremesuppe

mit Apfel und Croûtons

Zutaten Suppe:

150 g	Möhren
75 g	Sellerieknolle
75 g	Kartoffeln
¼	Apfel (z. B. Boskop)
2 TL	frischer Ingwer
¼ TL	Kurkuma
700 ml	kaltes Wasser
	Salz
	Pfeffer
evtl.	Saft einer halben Zitrone
2 EL	frische Petersilie, gehackt

Zubereitung:

Gemüse und Apfel schälen und grob würfeln. Ingwer schälen und fein hacken. Gemüse, Apfel und Ingwer mit Kurkuma und Wasser ansetzen, gar kochen (15 - 20 Minuten Kochzeit) und fein pürieren. Mit Salz, Pfeffer und etwas Zitronensaft abschmecken. Einen Teil der Petersilie unterheben und zum Servieren mit der restlichen Petersilie bestreuen.

Croûtons:

Zubereitung siehe Seite 14

Mangoldsuppe

Zutaten:

400 g	Mangold, in ganz feine Streifen geschnitten
1	Zwiebel, feingehackt
2 EL	Butter
½ TL	Salz
¼ TL	Pfeffer
¼ TL	Muskat
1 geh. TL	Mehl
1 l	Gemüsebrühe oder Wasser
2 EL	Crème Fraîche

Zubereitung:

Zwiebel in der Butter glasig dünsten. Kleingeschnittenen Mangold dazugeben und so lange dünsten, bis er zusammengefallen ist. Mit Salz, Pfeffer und Muskat würzen.

Mehl auf den Mangold streuen, gut verrühren und dann mit der Gemüsebrühe aufgießen. Zum Kochen bringen, 5 Minuten köcheln lassen. Vom Herd nehmen, nochmals abschmecken und die Crème Fraîche unterrühren.

Erbsensuppe mit Minze

Vegan

Zutaten:

3 EL	Ghee, Butter oder Öl (vegan)
25 g	Zwiebeln, gewürfelt
1 kl.	Petersilienwurzel, gewürfelt
150 g	Sellerieknolle, gewürfelt
100 g	Porreestange, in feine halbe Ringe geschnitten
650 - 700 ml	Gemüsebrühe
200 g	grüne Erbsen, frisch oder tiefgefroren
	Salz, Pfeffer
1 geh. TL	Pfefferminzblätter, fein geschnitten

Zubereitung:

Zwiebeln, Petersilienwurzel, Selleriewürfel und Porreeringe in Ghee, Butter oder Öl andünsten, bis sich ein wenig Röstaroma entwickelt.

Mit der Gemüsebrühe auffüllen, die Erbsen dazugeben, zum Kochen bringen und in ca. 15 Minuten gar kochen.

Pürieren und mit Salz und Pfeffer abschmecken.

Zum Schluss die Pfefferminze unterrühren.

Tipp: Man kann die Konsistenz der Suppe gestalten, indem man mehr oder weniger grüne Erbsen oder Gemüsebrühe verwendet. Selbstverständlich kann man sie auch mit etwas Sahne verfeinern.

Rote-Bete-Linsensuppe mit Zitrone

Zutaten:

50 g	Porree
50 g	Kartoffeln
50 g	Sellerieknolle
50 g	Möhren
100 g	Rote Bete
1 EL	Ghee
¼ TL	schwarzer Pfeffer, gemahlen
½ TL	Koriander, gemahlen
¼ TL	Kreuzkümmel, gemahlen
	Salz
700 ml	Wasser
50 g	rote Linsen
	Schale einer halben Bio-Zitrone
2 TL	Sahne oder Crème fraîche
etwas	Schnittlauch

Zubereitung:

Porree, Kartoffeln, Sellerie, Möhren und Rote Bete in Würfel schneiden. Ghee in einem Topf erhitzen und das Gemüse 5 Minuten darin anbraten. Gewürze dazu geben und mit Wasser ablöschen.

Linsen gründlich waschen und hinzufügen. Zitrone auspressen, den Saft zur Seite stellen. Die Zitronenschale in die Suppe geben, Gemüse und Linsen in etwa 30 Minuten gar kochen.

Anschließend die Zitronenschale herausnehmen und die Suppe pürieren. Mit Zitronensaft abschmecken. Die Suppe in tiefen Tellern oder Suppenschalen anrichten, mit Sahne oder Crème fraîche beträufeln und mit Schnittlauch garnieren.

Salate

Blattsalat mit Wildkräutern
Rote-Bete-Kartoffelsalat
Frühlingssalat
Süßkartoffelsalat
Tomatensalat
Gurkensalat japanischer Art
Algensalat - Arame mit Sesam
Gurken-Koshimbir
Radieschensalat
Avocadosalat
Sellerie-Rohkostsalat mit Ananas

Blattsalat mit Wildkräutern

Vegan

Zutaten:

1 Bund	Rucola
500 g	Blattsalat: Kopfsalat, Eichblattsalat, Römersalat, Lollo Rosso oder andere Sorten
1 Handvoll	Wildkräuter: Sauerampfer, Löwenzahn, Vogelmiere, Melde, Spitzwegerich, Breitwegerich, Gänsefingerkraut, Gundermann, Gänseblümchen, Bärlauch, Brennnessel, Brunnenkresse

Zubereitung:

Blattsalat putzen, waschen und klein zupfen. Brennnesselblätter werden vor dem Kleinschneiden mit einem Teigroller gerollt, damit sie ihre brennende Wirkung verlieren. Wildkräuter putzen, falls nötig waschen und klein schneiden. Die Wildkräuter unter den Blattsalat mischen.

Der Anteil der Wildkräuter im Salat kann etwa 5 - 10% betragen, abhängig vom eigenen Geschmack: je mehr Wildkräuter, desto bitterer und vielleicht ungewohnter ist der Geschmack, gleichzeitig ist der Salat um so mineral- und vitaminhaltiger und dadurch basenreicher und gesünder!

Tipp: Shoyu und Leinöl zum Anrichten von Blattsalat verwenden – Shoyu sparsam dosieren.

Rote-Bete-Kartoffelsalat

„Rosige Aussichten“

Zutaten Salat:

1	Rote Bete, gekocht und gewürfelt
1	Apfel, gewürfelt
1	kleine Zwiebel, gewürfelt
1	Essiggurke, gewürfelt
1	Kartoffel, gekocht und gewürfelt
1	Sojawürstchen, gewürfelt
3	Radieschen, gewürfelt

Zutaten Dressing:

150 g	Naturjoghurt (oder Soja-Naturjoghurt)
3 EL	Sahne (oder Soja-Sahne)
1 - 2 EL	Mayonnaise o. eifreie Mayonnaise
½ TL	Essig
1 gestr. TL	Salz
1 Prise	Pfeffer
1 Prise	Zucker
	Petersilie

Zubereitung:

Naturjoghurt, Sahne, Mayonnaise und Gewürze zu einer Marinade rühren.

Die gewürfelten Gemüse mit der Marinade vermischen und abschmecken. Mit Petersilie garnieren.

Info: Der Salat erinnert vom Geschmack her an einen klassischen Heringssalat und ist ebenso nahrhaft – für manch einen Gast durchaus eine Überraschung im vegetarischen Menü.

Frühlingssalat

Zutaten Salat:

2	mittelgroße Kartoffeln, gedämpft
½ Kopf	Radicchio
1	kleiner Kopf Lollo Rosso (oder anderer grüner Blattsalat)
1 Handvoll	Rucola
1 Handvoll	Wildkräuter (z. B. Schafgarbe, Löwenzahn, Brunnenkresse, Giersch)
2 EL	frische Petersilie, gehackt
8 - 10	Walnüsse, gehackt
4	Radieschen, fein gewürfelt
50 g	Hartkäse (Ziegenkäse), gerieben

Zutaten Dressing:

1 - 2 EL	Zitronensaft
1 Prise	Salz
2 Prisen	Zucker
5 EL	Kürbiskernöl
2 EL	Olivenöl

Zubereitung:

Dressing herstellen. Kartoffeln pellen, in kleine Würfel schneiden und noch warm mit einem Teil des Dressings vermengen.

Salat und Kräuter putzen, waschen, klein zupfen und in einer großen Schüssel mit dem Rest des Dressings vermischen.

Die abgekühlten Kartoffelwürfel auf das Salatbett legen. Nüsse, Radieschen und Käse darüber streuen.

Giersch – *Aegopodium podagraria*

Giersch ist in fast jedem Garten zu finden. Er ist im Salat oder in einem Aufstrich ein vorzüglicher Lieferant von Vitamin C, Karotin, Kalium und Eisen. Er steht das ganze Jahr zur Verfügung, am leckersten ist er im beginnenden Frühjahr, wenn sich die Blätter gerade entfalten. Er kann auch ähnlich wie Spinat zubereitet werden. Während eines Spaziergangs können wir so die Gesundheit vor unserer Haustür finden und eine leckere Mahlzeit bereiten. In der Volksheilkunde findet Giersch als Gicht- und Rheumamittel Verwendung.

Frühlingszeit - Heilkraft aus der Natur

Wildkräuter im Frühling

Wenn der Winter sich verabschiedet und der Frühling sich Bahn bricht, die Sonne reichlich Licht und Wärme spendet, erscheint in der Natur das erste Grün und kündet vom Neubeginn, von frischer Kraft, die aus den Wurzeln der Pflanzen aufsteigt und zum Licht strebt.

Im Frühjahr beschenkt uns die Natur mit den ersten zarten Frühlingskräutern. Sie sind gerade zu dieser Zeit besonders wertvoll, denn in den Blättern sammelt sich die Wachstumskraft der Pflanzen. Die Blätter enthalten eine Vielzahl von Wachstumsstoffen, die auch auf unseren Körper vitalisierend und erneuernd wirken. Unter der reichen Auswahl an Kräutern wählt man am besten diejenigen, die nahebei in der natürlichen Umgebung wachsen und verwendet sie frisch. Hier im mitteleuropäischen Raum finden sich z. B. Rauke, Löwenzahn, Schafgarbe, Gänseblümchen, Bärlauch, Brennnessel, Scharbockskraut, Brunnenkresse, Veilchen und Giersch.

Von den Fenstern des Kloster Gerode hat man Ausblick auf das großzügige Gelände mit dem Teich, dem Garten und der Streuobstwiese. Der Teich wird von einem Bach gespeist, der einige hundert Meter oberhalb des Klostergeländes im Wald entspringt und in dessen Bachlauf die grünen Stengel der Brunnenkresse in Fülle wachsen. An seiner Uferböschung finden sich Giersch und Scharbockskraut.

Auf der Wiese davor wachsen Bärlauch und Gänseblümchen. Schafgarbe wächst auch entlang der Wege, und die Brennnesseln stehen bald in üppigen Feldern im Schatten der Bäume am Ufer des Baches und an den Böschungen des Wasserfalls. Oft bringen Gäste oder Seminarteilnehmer

Brunnenkresse – *Nasturtium officinale*

Die Brunnenkresse wird ausschließlich frisch verwendet. Sie eignet sich zu Frühjahrskuren, als Beigabe zum Salat und ist auch lecker im Quark oder auf dem Butterbrot. Die Frühjahrsmüdigkeit macht sich schnell aus dem Staub und man fühlt sich erfrischt. Der Geschmack ist würzig bis scharf. Das ist dem Senföl zu verdanken. Man kann sie das ganze Jahr über pflücken, sollte allerdings eher junge Triebe vor der Blüte sammeln.

von morgendlichen Spaziergängen Kräuter für den Salat. Die Köche gehen auch selbst gerne auf Kräutersuche. Beim Sammeln der Kräuter probiert man am besten gleich vom Löwenzahn und der Schafgarbe, denn die jungen Kräuter sind ausgesprochen vitalstoffreich. Die beste Pflückzeit ist morgens, bevor die Sonne ihre Wärme voll entfaltet hat.

Das Verlesen und Putzen der Kräuter braucht etwas Zeit, doch die Mühe lohnt sich, denn bereits wenige Stengel frisch gepflückter Kräuter aus dem eigenen Garten oder aus Balkonkästen und Blumentöpfen können reichere Vitaminspender sein als eine ganze Mahlzeit aus abgelagerter Rohkost.

Die Kräuter werden nach Belieben fein gehackt oder nur grob zerpflückt und ergeben für sich eine wunderbare würzige Beilage oder bereichern mit ihrem intensiven Aroma jeden anderen Blattsalat. Gänseblümchen und Veilchen (beide essbar) eignen sich hervorragend als Garnierung. Ein solcher Salat ist Kraft spendend und transportiert eine ganz besondere Qualität, die sich dem achtsamen Genießer leicht erschließt.

Übrigens: Wer noch Platz für einen Blumentopf hat, kann im Frühling Kapuzinerkresse aussäen, deren würzige Blätter und Blüten für eine farbenprächtige und hochgesunde Garnierung genutzt werden können.

„Die Kräuter bieten einander den Duft ihrer Blüten an, ein Stein strahlt seinen Glanz auf die anderen. Alles, was lebt, hat einen Urtrieb nach liebender Umarmung. Auch steht die ganze Natur dem Menschen zu Diensten, und in diesem Liebesdienst legt sie ihm freudig ihre Güter ans Herz."

Hildegard von Bingen, aus „Liber vitae meritorum"

Vogelmiere – *Stellaria media*

Die Vogelmiere finden wir häufig auf frisch bearbeiteten Acker- und Gartenflächen. Sie breitet sich dort stark aus und schützt den Boden vor Austrocknung und Erosion. Sie hat einen milden Geschmack und bereichert unseren Wildkräutersalat, einen frisch zubereiteten Brotaufstrich oder die Kräuterbutter. Hervorzuheben ist ihr hoher Vitamin-C-Gehalt. In der Naturheilkunde ist sie als wirksam bekannt bei Rheuma und Gelenkschmerzen.

Brennnessel – *Urtica dioica L.*

Recht früh im Jahr zeigen sich die ersten Triebe der Brennnessel und warten darauf, gepflückt zu werden für einen feinen Wildkräutersalat, einen leckeren Smoothie oder zur Bereitung einer köstlichen Kräuterbutter. Auch für die Teezubereitung kann Brennnessel von Mai bis August gesammelt werden. Wenn wir wachen Auges durch die Natur gehen, werden wir sie überall entdecken und sie schätzen lernen. Nach einem langen Winter regt die Brennnessel den Stoffwechsel an, die Harnausscheidung wird verstärkt. Begleitend zu Detox- und Fastenkuren leistet die Brennnessel gute Arbeit. Sie verfügt über eine Fülle heilender Wirkstoffe und mineralischer Spurenelemente. Genannt seien hier Eisen, Magnesium, Kieselsäure, Kalzium und Kalium.

Vom Brennnesselkraut kann man reichlich pflücken und etwas für den Kräutertee zurückbehalten, da die jungen Brennnesseltriebe gerade in der Frühlingszeit sehr reich an Mineralien sind und einen schmackhaften Tee ergeben: dazu einfach einige frisch gepflückte Triebe mit heißem Wasser aufgießen und 10 Minuten ziehen lassen. Brennnesseltee sollte man morgens oder nachmittags vor 15 Uhr trinken; so kann er in der Hauptzeit von Blase und Nieren (15 bis 19 Uhr) seine harntreibende Wirkung optimal entfalten.

Er wirkt außerdem entsäuernd und ist damit ein idealer Tee, um im Rahmen einer Frühlingskur über einige Wochen den Körper zu entschlacken und zu reinigen. Für Brennnessel als Salatkraut nimmt man die jungen Triebe und brüht sie kurz ab, damit sie nicht brennen und gut essbar sind.

Spitzwegerich – *Plantago lanceolata*

Arzneipflanze des Jahres 2014. Spitzwegerich finden wir auf Wiesen und an Wegesrändern. Er hat einen herben, leicht bitteren Geschmack, sollte also im Salat sparsam verwendet und wegen seiner festen Blattstruktur fein geschnitten werden. Ernten und sammeln kann man ihn am besten von Anfang April bis Ende August. Das frische Blatt ein wenig zwischen den Fingern zerrieben oder zerkaut auf kleine Wunden gelegt, wirkt zusammenziehend und wundheilend. Auch lindert Spitzwegerich den Juckreiz bei Mückenstichen.

Quelle im Klosterpark

Ein Paradies für Wildkräuter und viele andere Pflanzen

Süßkartoffelsalat

Vegan

Zutaten:

120 g	Süßkartoffeln
2 TL	Zitronensaft, frisch gepresst
2 EL	Leinöl
2 TL	frische Petersilie, fein gehackt
	Kräutersalz

Zubereitung:

Süßkartoffeln schälen und in feine Stifte raspeln. Petersilie, Zitronensaft, Leinöl und Süßkartoffel miteinander mischen, mit Kräutersalz abschmecken.

Diese gesunde Rohkostbeilage kann durch Verwendung anderer Kräuter oder Wildkräuter variiert werden. Geeignet sind zum Beispiel Basilikum, Thymian, Löwenzahn- oder Brennnesselblätter.

Tipp: Rohkost sollte nur einen kleinen Teil der Mahlzeit ausmachen. Der gesundheitliche Wert einer Rohkostbeilage liegt unter anderem darin, dass sie noch natürliche Enzyme enthält. Schon eine kleine Menge unerhitzter Nahrung genügt, um eine positive Wirkung auf die Verdauungstätigkeit und die Darmflora zu erzielen. Eine größere Menge Rohkost ist für die meisten Menschen eher schwer verdaulich.

Tomatensalat

mit Grapefruit und Wassermelone

Vegan

Zutaten Salat:

1	rote Zwiebel
2	rosa Grapefruits
400 g	reife Tomaten
400 g	Cantaloupe- oder Wassermelone
10 - 15	Basilikumblätter

Zutaten Dressing:

2	Bio-Zitronen
2 TL	Zucker
1 Msp	Vanillemark
4 EL	Olivenöl
	Salz, Pfeffer

Zubereitung:

Die Zwiebel schälen und in Streifen schneiden. Die Grapefruits schälen und die Filets zwischen den Trennwänden herauslösen. Die Tomaten waschen, die Stielansätze entfernen und in dünne Scheiben schneiden. Das Fruchtfleisch der Melone entkernen und in mundgerechte Stücke schneiden. Basilikumblätter grob schneiden und alle Zutaten zusammenfügen.

Für das Dressing die Zitronen heiß abbrausen und trocken tupfen. Die Schale fein abschälen und in kleine Streifen schneiden. Den Saft der Früchte auspressen. Saft und Schalen mit dem Zucker und dem Vanillemark bei mittlerer Hitze etwa 5 Minuten köcheln lassen. Anschließend den Sirup mit Olivenöl verquirlen und mit Salz und Pfeffer abschmecken.

Das Dressing über den Salat geben und alles locker miteinander mischen.

Vegan

Gurkensalat japanischer Art

Zutaten:

1	Salatgurke
3 EL	Ingwer, sehr fein gewürfelt
2 EL	Shoyu
evtl.	Zitronensaft

Info: Shoyu ist eine Sojasauce, die aus Sojabohnen, Wasser, Weizen und Meersalz hergestellt wird. Eine weizenfreie Variante ist Tamari, die einen stärkeren Geschmack hat und daher sparsamer zu verwenden ist.

Zubereitung:

Salatgurke in 4 Stücke teilen. Jedes dieser Stücke der Länge nach sehr fein stifteln. Gurkenstifte und Ingwerstücke vermischen, und – bei heißem Wetter – beides zusammen kurz in eiskaltes Wasser legen. Wieder herausnehmen, abtropfen lassen. Shoyu und eventuell einen Spritzer Zitronensaft dazugeben, vermischen und servieren.

Auch Möhren, Rettich oder Staudensellerie können auf diese Art zubereitet werden.

Algensalat – Arame mit Sesam

Vegan

Zutaten:

4 g	Arame-Algen, getrocknet (etwa 4 TL)
2 TL	Sesam
1 TL	Sesamöl
1 TL	Shoyu
1 - 2 TL	Zitronensaft
evtl.	etwas frisch geriebenen Ingwer

Tipp: Der Algensalat kann mit 100 g frischem Gemüse variiert werden, z. B. fein geraspelte Möhre, Rettich, Gurke und / oder fein geschnittene rote Paprika.
Algen stellen mit ihrem charakteristischen Meeresgeschmack ein besonderes Geschmackserlebnis dar. Sie sind reich an Mineralien, Vitaminen und an hochwertigem Eiweiß. Arame ist eine milde Sorte und für ein erstes Ausprobieren besonders gut geeignet.

Zubereitung:

Algen für 30 – 60 Minuten in reichlich Wasser einweichen. In einem Sieb abgießen, gründlich abspülen.

In der Zwischenzeit Sesamkörner in einer trockenen Pfanne anrösten, beiseite stellen.

Sesamöl in der Pfanne erwärmen, die Algen kurz darin andünsten. Dann Wasser zugießen, bis die Algen bedeckt sind und bei kleiner Hitze kochen, bis das Wasser verdampft ist (ca. 10 Minuten). Mit Shoyu ablöschen.

Mit Zitronensaft abschmecken. Wer es scharf mag, kann noch etwas frisch geriebenen Ingwer zufügen.

Gurken-Koshimbir

Vegan

Zutaten:

1	Salatgurke
¼ - ½	Zitrone, gepresster Saft
70 g	gesalzene Erdnüsse, gemahlen
1	frische Chilischote, kleingehackt
	Salz
1 - 2 TL	Zucker

Zubereitung:

Gurke schälen und in sehr feine Würfel schneiden. Alle Zutaten miteinander vermengen und abschmecken. Anstatt der Chilischote kann auch Cayennepfeffer verwendet werden. Mit ganzen Erdnüssen garnieren.

Gurken-Koshimbir ist ein traditionelles indisches Gericht. Wir servieren es als Beilage.

Radieschensalat

Zutaten:

8	Radieschen, in feine Stifte geschnitten
2	Stangen Staudensellerie, in feine Streifen geschnitten
1	kleine Stange Porree, in feine Ringe geschnitten
2	Tomaten, fein gewürfelt
	frische Kräuter nach Belieben
250 ml	Naturjoghurt
2 EL	Sauerrahm

Zubereitung:

Joghurt und Sauerrahm glatt rühren und mit allen weiteren Zutaten vermengen.

Avocadosalat

Vegan

Zutaten:

2	reife Avocados
1	Tomate
1	kleine Zwiebel
½ Kopf	Radicchio (ca. 130 g)
4 EL	Olivenöl
1 - 2 EL	Zitronensaft
1 EL	Kräuter, gehackt (Petersilie, Schnittlauch o. a.)
1 TL	Agavendicksaft oder flüssiger Honig
	Salz
	Pfeffer

Zubereitung:

Avocados der Länge nach einmal rundherum bis zum Kern einschneiden und die beiden Hälften auseinanderdrehen. Den Kern vorsichtig herauslösen. Avocados der Länge nach achteln und die Schale abziehen. Die Avocado-Achtel in ½ cm breite Stücke schneiden und mit etwas Zitronensaft beträufeln. Tomate ebenfalls in kleine Würfel schneiden. Zwiebel fein würfeln und 10 Minuten in heißem Wasser einlegen, damit sie leichter verdaulich wird. Radicchio-Salat in ½ cm breite Streifen schneiden. Alle Zutaten mischen.
Öl, Zitronensaft, gehackte Kräuter, Agavendicksaft bzw. Honig, Salz, Pfeffer verrühren, dazugeben und gut vermengen.

Vegan

Sellerie-Rohkostsalat mit Ananas

Zutaten Salat:

200 g	Sellerieknolle
1	Apfel, in kleine Stücke geschnitten
60 g	frische Ananas, klein geschnitten
40 g	Walnüsse, gehackt

Zutaten Dressing:

1 EL	Zitronensaft
1	kleine Zwiebel, fein gehackt
2 EL	gemischte Kräuter, fein gehackt
2 EL	Kräuteressig
90 ml	Olivenöl
1 TL	Senf
½ TL	frischer Ingwer, gehackt
1 Prise	Pfeffer

Zubereitung:

Sellerieknolle schälen und fein raspeln. Apfelstücke, Ananasstücke sowie gehackte Walnüsse dazugeben und alles vermischen.

Aus den angegebenen Zutaten ein Dressing bereiten und unter den Salat heben.

Auf einer Servierplatte oder in einer Schüssel anrichten und mit Kräutern garnieren.

„Lass die Nahrung Deine Medizin sein“

Hippokrates

Dressings

Kräuter-Vinaigrette
Seidentofu-Dressing
Erdnuss-Orangen-Dressing
Senf-Vinaigrette
Leinöl-Bananen-Dressing
Rote-Bete-Dressing
Naturjoghurt-Dressing
Meerrettich-Dressing

Dressings

Vegan

Kräuter-Vinaigrette

1 Prise	Cayennepfeffer
¼ TL	Salz
30 ml	Zitronensaft oder Essig
¼ TL	Dijon-Senf
1 Prise	Thymian
1 TL	Agavendicksaft
3 EL	Kräuter, frisch gehackt (Petersilie, Basilikum, Schnittlauch)
evtl. ½	Zwiebel, sehr fein gehackt
90 ml	Olivenöl

Vegan

Seidentofu-Dressing

½	Salatgurke
50 g	Seidentofu (oder 100 g Tofu natur)
10 ml	Apfelessig
1 TL	Salz
½ TL	milder Curry
1 Msp	weißer Pfeffer
1 EL	mittelscharfer Senf
2 - 3 EL	Dill, gehackt
30 ml	Sonnenblumenöl

Vegan

Erdnuss-Orangen-Dressing

2 EL	Erdnussmus
1 - 2 TL	Zitronensaft
1 EL	Agavendicksaft
70 ml	Orangensaft (ca. 1 - 2 Orangen)
2 - 3 EL	frisches Basilikum (oder tiefgefroren)
1 Prise	Cayennepfeffer
½ TL	Salz
30 ml	Olivenöl

Vegan

Senf-Vinaigrette

3 EL	Essig (z. B. Apfel-Essig oder heller Balsamico-Essig)
	Salz, Pfeffer
2 EL	Wasser (optional)
30 g	körniger Senf
50 g	süßer Senf
evtl.	Estragon
9 EL	Olivenöl

egan

Leinöl-Bananen-Dressing

30 ml	Orangensaft mit Fruchtfleisch
¼	Banane, zerdrückt
1 Msp	Zucker oder etwas Agavendicksaft
etwas	Zitronensaft
25 ml	Leinöl

Rote-Bete-Dressing

75 ml	Naturjoghurt
50 - 60 g	Rote Bete, weich gekocht, geschält und passiert
25 ml	Sonnenblumen- oder Rapsöl
1 Prise	Salz
¼	Zitrone, ausgepresst
bei Bedarf	etwas Wasser

Naturjoghurt-Dressing

75 ml	Naturjoghurt
25 ml	Apfelsaft
½ TL	Zucker oder Agavendicksaft
1 Prise	Salz
¼	Zitrone, ausgepresst
25 ml	Olivenöl

egan

Meerrettich-Dressing

½	Zitrone, ausgepresst
2 EL	heller Balsamico-Essig
	Meerrettich, nach Geschmack
60 ml	Reismilch
1 Prise	Salz
60 ml	Olivenöl

Zubereitung der Dressings:

Alle Zutaten außer dem Öl in einer Schüssel mischen oder in einem hohen Messbecher pürieren. Danach das Öl sehr langsam dazu gießen und weiter pürieren, bis eine homogene Salatsauce entstanden ist.

Wie sauer eine Vinaigrette wird, hängt vom Essig ab. Wenn er sehr markant ist, empfiehlt es sich, nur 1 EL Essig und 2 EL Wasser zu nehmen. Wenn die fertige Salatsauce zu sauer geworden ist, kann eine Prise Zucker mildernd wirken. Wie dickflüssig die Vinaigrette ist, hängt davon ab, wie viel Öl man verwendet. Die Rezepte ergeben jeweils 120 ml und reichen für ca. 8 Personen. Das Dressing hält sich 1 - 2 Tage im Kühlschrank.

Gemüsegerichte

Glasierte Möhren
Alujeera – Kreuzkümmel-Kartoffeln
Sojaragout mit Tomaten und Zwiebeln
Auberginengemüse mit Kokosmilch
Mariniertes Ofengemüse
Grüne Bohnen nach südindischer Art
Süßkartoffel-Püree
Brokkoli- und Blumenkohl-Pakora
Fenchel in Orangensauce
Grünkohl mit Champignons und Tofu
Kohlrabi-Gratin
Kürbis-Champignon-Pfanne
Auberginen-Moussaka
Chicorée in Sesamsauce
Pak-Choi-Auflauf mit Blätterteig
und andere Gerichte

Glasierte Möhren

mit Kardamom und Zimt

Zutaten:

25 g	Butter
20 g	Zucker oder Rohrohrzucker
½ TL	Kardamom
½ TL	Zimt
600 g	Möhren, 1 cm dicke Scheiben
1 TL	Kräutersalz

Zubereitung:

Butter in der Pfanne schmelzen. Zucker hinzufügen und karamellisieren lassen. Kardamom und Zimt hinzufügen, umrühren und Möhren dazugeben. Von allen Seiten anbraten und mit etwas Wasser ablöschen. Zugedeckt bei mäßiger Hitze schmoren lassen. Ab und zu umrühren und eventuell etwas Wasser nachgießen, damit die Möhren Farbe nehmen, aber nicht anbrennen. Garen, bis die Möhren bissfest sind (ca. 15 Minuten). Mit etwas Kräutersalz abschmecken.

Alujeera – Kreuzkümmel-Kartoffeln

Zutaten:

800 g	Pellkartoffeln, frisch gekocht
2 EL	Ghee
½ TL	ganze Senfkörner
½ TL	ganze Kreuzkümmelsamen
¼ TL	Kurkuma
1	kleine Zwiebel, fein gehackt
1 Msp	Salz
1 Msp	Zucker
½ Bund	Korianderblätter, gehackt

Zubereitung:

Pellkartoffeln schälen und in kleine (!) Würfel schneiden. Ghee in einer Pfanne erhitzen. Senfkörner und Kreuzkümmel leicht anrösten, Kurkuma zufügen, Zwiebel zufügen und schmoren bis sie leicht braun wird. Kartoffelwürfel dazugeben, alles kräftig mischen. Salz und wenig Zucker zufügen und abdecken. Ein bis zwei Minuten mit geschlossenem Deckel ziehen lassen. Deckel öffnen und Korianderblätter dazugeben.

Variation: Man kann das Gericht mit etwas Kokosraspeln verfeinern.

Sojaragout mit Tomaten und Zwiebeln

Vegan

Zutaten:

100 g	Sojaschnetzel
1 l	heiße Gemüsebrühe zum Einweichen der Sojaschnetzel
2 EL	Shoyu
2 EL	Sesamöl oder Rapsöl
1 - 2	mittelgroße Zwiebeln, gewürfelt
5 - 6	Tomaten, in Würfel geschnitten
1 - 2 EL	Tomatenmark
250 ml	Sojasahne oder Sahne
	Salz, Pfeffer, Paprika, Chilipulver

Zubereitung:

Sojaschnetzel mit Gemüsebrühe übergießen und 15 Minuten quellen lassen, abseihen und mit Shoyu würzen. Brühe aufbewahren. Öl in einer Pfanne erhitzen und Sojaschnetzel darin anbraten. Zwiebeln und Tomaten zufügen und alles zusammen 5 - 10 Minuten dünsten. Tomatenmark mit 1 EL Brühe verrühren, in die Pfanne geben und aufkochen lassen. Nach Geschmack Sojasahne (oder Sahne) unterrühren. Mit Salz, Pfeffer, Paprika und etwas Chilipulver würzen.

Auberginengemüse mit Kokosmilch

Zutaten:

800 g	Auberginen
1 TL	Kurkuma
1 TL	Salz
5 EL	Ghee
1 Msp	Hingash (Asafoetida)
1 TL	frischer Ingwer, gerieben
1	Chilischote, klein geschnitten
250 ml	Kokosmilch
	Korianderblätter

Hingash wird in der ayurvedischen Küche oft zusammen mit Ingwer, Kardamom und Koriander verwendet und dient als Knoblauch- oder Zwiebelersatz. Es wird aus dem getrockneten Gummiharz der Pflanze Asant gewonnen.

Zubereitung:

Auberginen in 2 cm dicke Scheiben schneiden. Auf einem Teller Kurkuma und Salz mischen und Auberginenscheiben damit einreiben. Ca. 10 Minuten ruhen lassen und anschließend auf ein mit 3 EL Ghee gefettetes Backblech geben. Bei 150 °C im Backofen ca. 10 Minuten weich werden lassen.

In der Zwischenzeit 2 EL Ghee in eine Pfanne geben und erhitzen. Hingash, den frischen Ingwer und Chili dazugeben und kurz anbraten. Kokosmilch zugießen, umrühren, aufkochen und bei schwacher Hitze köcheln lassen, bis die Sauce eindickt (ca. 5 Minuten Kochzeit). Die garen Auberginenscheiben auf einer Platte anrichten, mit der Sauce begießen und mit Korianderblättern garnieren.

Mariniertes Ofengemüse

Gemüse in guter Gesellschaft

Vegan

Zutaten:

800g	Wurzelgemüse (z. B. Fenchel, Möhren, Sellerie, Süßkartoffeln)
2	Lauchzwiebeln
2 TL	Kreuzkümmelsamen
2 TL	Fenchelsamen
	Salz
4 EL	Olivenöl
5 EL	Orangensaft
2 EL	Zitronensaft
	Knoblauch oder Chiliflocken nach Wunsch

Zubereitung:

Wurzelgemüse schälen und in mundgerechte Stücke schneiden. Lauchzwiebeln putzen und ebenfalls in Stücke schneiden. Kreuzkümmel- und Fenchelsamen grob mörsern. Alle Zutaten vermengen und in eine ausreichend große Auflaufform geben.

Das Gericht auf der mittleren Schiene des Backofens bei 200 °C (Umluft 180 °C) 20 - 25 Minuten garen. Zwischendurch mehrmals umrühren, damit es gleichmäßig glasiert. Wenn das Gemüse zu blass bleibt, zum Schluss der Garzeit den Grill zuschalten.

Vegan

Grüne Bohnen nach südindischer Art

eine Reise nach Indien

Zutaten:

100 g	Urid Linsen (oder gelbe Linsen)
250 ml	Wasser
1 kg	frische grüne Bohnen
3 - 4 EL	Öl (vegan) oder Ghee
3 TL	schwarze Senfkörner
3 TL	Curry (in Indien verwendet man Madras-Curry-Pulver)
½ TL	Kurkuma
	Salz
	frisches oder getrocknetes Bohnenkraut

Zubereitung:

Linsen mit Wasser in einem Topf garen, Bohnen klein schneiden und in einem Topf mit wenig Wasser ca. 30 Minuten garen und abgießen. Öl oder Ghee in einer Pfanne erhitzen. Senfkörner anrösten, Curry, Kurkuma und Salz dazugeben, Bohnen hinzufügen. Die gegarten Linsen abgießen und unterheben. Bohnenkraut dazugeben, nochmals abschmecken und servieren.

An Stelle frischer grüner Bohnen können auch andere Gemüse verwendet werden, z. B. Brokkoli, Möhren oder Fenchel.

Süßkartoffel-Püree

elegante Variante!

Zutaten:

700 g	Süßkartoffeln, geschält, grob gewürfelt
300 g	Kartoffeln, geschält, grob gewürfelt
50 g	Butter
	Salz
	Pfeffer
	Muskat
40 g	Zwiebeln, fein gehackt
150 g	Räuchertofu, klein gewürfelt
1 TL	Olivenöl
evtl.	2 Knoblauchzehen, zerdrückt

Zubereitung:

Kartoffelwürfel knapp mit Salzwasser bedeckt zum Kochen bringen. Nach 10 Minuten Süßkartoffeln dazu geben und beides zusammen in ca. 10 Minuten gar kochen.
Dann abgießen, abtropfen lassen, in eine Schüssel geben und stampfen. Mit Butter zu einem glatten Brei verrühren und mit Salz, Pfeffer und Muskat abschmecken.

Zwiebeln und Tofu (und ggf. Knoblauch) in Öl anbraten. Diese Mischung entweder unter das Püree heben oder damit garnieren.

Kurkuma:

Kurkuma (Gelbwurz) ist die getrocknete Wurzel der Kurkumapflanze, eines Ingwergewächses. Die Hauptanbaugebiete liegen in China, Japan und Taiwan. Der Geschmack ist würzig und leicht bitter. Es kann zu Reis, Kartoffeln, Gemüse und Currys verwendet werden und verleiht eine wunderschöne gelbe Farbe. Die ätherischen Öle unterstützen Darmflora und Stoffwechsel und regen den Gallenfluss an.

Kurkuma in Verbindung mit schwarzem Pfeffer und Leinöl hat einen hohen gesundheitlichen Stellenwert zum Beispiel in der Vorbeugung von Demenzerkrankungen und der komplementärmedizinischen Krebsprophylaxe.

Ausführliche Informationen siehe Seite 154

Brokkoli- und Blumenkohl-Pakora

Gemüse im indischen Schlafrock

Zutaten:

400 g	Brokkoli- und Blumenkohlröschen
140 g	Kichererbsenmehl
70 g	helles Weizenmehl
1 TL	Kurkuma
2 TL	Kreuzkümmel, gemahlen
½ TL	Kardamom, gemahlen
2 TL	Koriander, gemahlen
½ TL	Hingash (Asafoetida), gemahlen
½ TL	Curry
	Pfeffer, Salz
ca. 250 ml	Wasser
1	Ei
	Frittierfett

Zubereitung:

Blumenkohl und Brokkoli in mittelgroße Röschen schneiden, dabei ausreichend Stielansatz stehen lassen, so dass man die Röschen noch daran festhalten kann. Beide Mehlsorten mit den Gewürzen mischen. Mit Wasser anrühren, so dass ein dicker, zähflüssiger Teig entsteht. Ei unterrühren und 15 Minuten stehen lassen. Frittierfett erhitzen. Die Röschen am Stiel halten und gründlich in den Teig tunken. Ins heiße Fett geben und ca. 10 Minuten frittieren. Vor dem Servieren auf Küchenkrepp abtropfen lassen.

Fenchel in Orangensauce

eine sonnige Liaison

Zutaten:

600 g	Fenchelknollen (ca. 3 - 4)
50 g	Butter
1 ½ EL	Rohrohrzucker
¼ l	Orangensaft
1 EL	Ingwer, frisch gerieben
	Salz, Pfeffer

Zubereitung:

Fenchel waschen, Stiele abschneiden und Knollen von den schmalen Seiten her halbieren. Große Knollen vierteln oder sechsteln, so dass sie am Ansatz zusammenhalten.

Stiele, soweit sie nicht holzig sind, in 1 cm große Stücke schneiden und Fenchelgrün für die Garnierung aufheben.

Butter in einer Pfanne schmelzen lassen und Zucker darin leicht karamellisieren. Fenchelhälften oder Spalten in die Pfanne legen und Orangensaft zugießen.

Ingwer und Fenchelstiele dazugeben und bei geschlossenem Deckel bei mittlerer Hitze so lange garen, bis der Fenchel weich ist (ca. 20 Minuten Kochzeit). Mit Salz und Pfeffer abschmecken. Vor dem Servieren das Fenchelgrün über das Gemüse geben.

Vegan

Grünkohl mit Champignons und Tofu

nicht nur für kalte Wintertage

Zutaten:

3 - 4 EL	Olivenöl
200 g	kleine Champignons, geviertelt
80 g	Räuchertofu, fein gewürfelt
½ TL	Kurkuma
1 Prise	Pfeffer
1 EL	Shoyu
270 g	Grünkohl, fein geschnitten
1 TL	Ingwer, fein gehackt
evtl.	Rosinen
	Wasser
25 ml	Orangensaft
1 Prise	Zimt
½ TL	Salz

Zubereitung:

Olivenöl in einer weiten Pfanne erhitzen und darin Tofuwürfel und Champignons gründlich von allen Seiten anschmoren, so dass der Tofu knusprig wird. Kurkuma und Pfeffer untermengen, 1 EL Shoyu hinzugeben.

Grünkohl, Ingwer und evtl. Rosinen unterheben und mitschmoren, immer wieder mit etwas Wasser ablöschen und weiter köcheln, bis der Grünkohl gar ist (ca. 30 Minuten Kochzeit). Mit Shoyu, Orangensaft, Kurkuma, Zimt, Pfeffer und Salz abschmecken.

Tipp: Der Grünkohl ist leichter verdaulich, wenn er vorab in kochendem Salzwasser blanchiert wird.

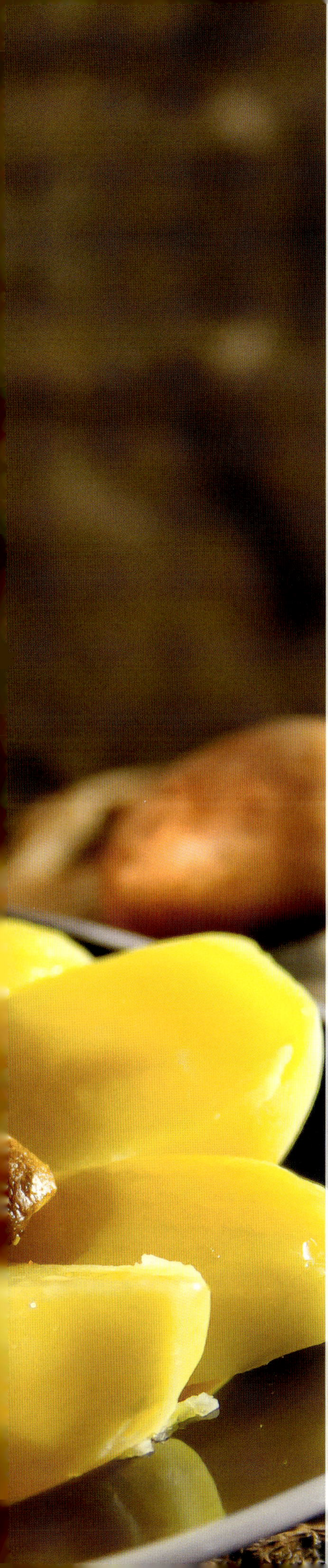

Wissenswertes über Tofu

Tofu ähnelt in seiner Konsistenz einem schnittfesten Quark, ist jedoch aus gekochten Sojabohnen hergestellt und somit ein pflanzliches Produkt mit hohem Eiweißgehalt. In Asien hat Tofu eine Jahrtausende alte Tradition und ist dort Bestandteil der alltäglichen Küche. Bei uns im Westen etabliert sich Tofu zunehmend, vor allem in der vegetarischen Küche.

An sich ist Tofu geschmacksneutral, das ist sein Vorteil. Dadurch lässt er sich als Verwandlungskünstler in vielen Gerichten einsetzen. Die Konsistenz von Tofu variiert je nach Herstellung: Am gängigsten ist Tofu „Natur" als schnittfester Block. Es gibt ihn auch als sehr weichen, seidigen Tofu (Seidentofu), in Japan außerdem als gefriergetrocknete Stücke. Viele Hersteller bieten auch gewürzte Tofusorten an, wie z. B. Räuchertofu, Tofu mit Gemüsestücken und Algen, Oliven-Tofu sowie vegetarische Würstchen auf Tofubasis.

Zubereitung: Tofu ist sehr anpassungsfähig, er kann gebraten, gebacken, gekocht, püriert, gewürfelt oder zerdrückt werden. Normalerweise wird er als Bestandteil eines Hauptgerichtes eingesetzt, er kann jedoch auch in eine Süßspeise verwandelt werden.

Inhaltsstoffe: Tofu liefert viel leichtverdauliches und hochwertiges Eiweiß (16%) und ist reich an Vitaminen und Mineralien (essentielle Vitamine der B-Gruppe, Vitamin E, Kalzium, Eisen, Phosphor, Kalium, Natrium). Sein geringer Gehalt an Kalorien und gesättigten Fettsäuren und vor allem das völlige Fehlen von Cholesterin machen ihn zu einem herausragenden Lebensmittel für die gesundheitsbewusste Küche. Der hohe Gehalt an Phytoöstrogenen aus Sojabohnen hat nachgewiesenermaßen krebshemmende Eigenschaften. Da Soja und somit auch Tofu nicht von allen Menschen gleich gut vertragen werden, empfiehlt es sich, zunächst kleine Mengen zu probieren.

Kohlrabi-Gratin

hier wird man zum Kohlrabi-Fan!

Zutaten:

800 g	Kohlrabi mit Blättern
2 EL	Butter
400 ml	Sahne
2 TL	Mehl
2 Msp	Muskatnuss, frisch gemahlen
	Salz, Pfeffer

Tipp: Kohlrabiblätter in Butter gedünstet sind eine Delikatesse und zudem eine wertvolle Quelle für Mineralien und Vitamine.

Zubereitung:

Kohlrabiblätter lösen, waschen und zur Seite legen. Knollen schälen und in feine Scheiben schneiden. Eine Auflaufform mit Butter fetten und Kohlrabischeiben darin ziegelförmig auslegen. Sahne, Mehl, Muskatnuss, Pfeffer und Salz verquirlen und alles über die Kohlrabi gießen. Bei 200 °C im Ofen 40 Minuten garen.

Die grob geschnittenen Kohlrabiblätter auf das Gratin legen und 5 Minuten mitbacken.

Variation: Statt Kohlrabi kann man auch Steckrüben verwenden.

Kürbis-Champignon-Pfanne

Zutaten:

600 g	Hokkaidokürbis
50 g	Ghee
1 TL	frischer Ingwer, fein geschnitten
½ TL	Kreuzkümmel, gemahlen
1 Msp	Cayennepfeffer
evtl. 1 Msp	Hingash (Asafoetida)
300 g	kleine Champignons, halbiert
etwas	Wasser oder Brühe
1 Prise	Salz
100 ml	Crème fraîche
2 EL	frische Kräuter, z. B. Rauke oder Petersilie, gehackt

Tipp: Hokkaido-Kürbis kann nach Belieben geschält oder mit Schale zubereitet werden.

Zubereitung:

Hokkaidokürbis waschen, vierteln und mit einem Löffel die Kerne aus den Vierteln herauskratzen. Den Kürbis in ca. 2 cm große Würfel schneiden. In einer Pfanne das Ghee erhitzen. Ingwer, Kreuzkümmel, Cayennepfeffer und evtl. Hingash kurz anbraten. Die Kürbiswürfel hinzufügen und einige Minuten schmoren. Champignons dazugeben und einige Minuten mitschmoren. Etwas Wasser oder Brühe angießen und das Gemüse – bei geschlossenem Deckel – ca. 15 Minuten schmoren lassen. Ab und zu umrühren.

Salz, Crème fraîche und die Kräuter hinzufügen. Alles gut umrühren und noch einmal abschmecken.

Nahrung ist gespeicherte

Das für den Körper so kostbare und lebenswichtige Sonnenlicht ist in der Nahrung in vielfältiger Form gespeichert - einerseits in Form von Energieträgern (zum Beispiel als natürliche Zucker und Kohlenhydrate) und andererseits in feinstofflicher Form durch Pflanzenfarbstoffe, welche die mannigfaltigen Farben von Obst und Gemüse und von den Blüten der Kräuter hervorrufen. Die einzelnen Farben reflektieren bestimmte Schwingungen und nehmen andere Schwingungen in sich auf. In Pflanzen werden oft kompliziert aufgebaute Farbstoffe synthetisiert, die für den menschlichen Körper besonders wertvoll und zum Teil essentiell notwendig sind.

Carotinoide rufen gelbe und orange bis rötliche Farbtöne in Blüten und Früchten hervor.
Chlorophylle sind der grüne Blattfarbstoff.
Flavonoide befinden sich in orangefarbenen, roten bis blauen Pflanzenteilen.
Anthocyane bilden die intensive rote bis tiefblaue Farbe von Früchten und Blüten.

Um dem Körper diese für ihn so wichtigen Stoffe zur Verfügung stellen zu können, empfiehlt es sich, bei der Zusammenstellung von Gerichten auch auf die Abwechslung in der Farbgebung der einzelnen Gerichte, Gemüse und Beilagen zu achten. Pflanzen bringen die Farben übrigens deswegen hervor, um mit Tieren (und natürlich auch mit Menschen) in Kommunikation zu treten, sie anzulocken und auf die nahrungsspendende Funktion von Blüten und Früchten aufmerksam zu machen. So können Tiere und Menschen im Gegenzug für die Bestäubung bzw. Verbreitung der Pflanzen sorgen. Dieses ganz ursprüngliche Angesprochensein von Farben, Gerüchen und Geschmäckern ist in unserer heutigen Welt etwas Kostbares, weil es uns zur

Sonnenenergie Sommer

Natürlichkeit zurückführt. Farben, wie auch Geruch und Geschmack, sind Sinneseindrücke, die uns auf vielfache Art nähren. Daher lohnt es sich, beim Zubereiten der Mahlzeit mit allen Sinnen wach zu sein und sich auf diese Weise ganz bewusst auf die „Kommunikation" einzulassen. Dann entsteht ein kreativer Raum und eine Mahlzeit, die schon im Vorfeld nährt.

Obst und Gemüse sollten auf jeden Fall reif sein, wenn sie gekauft werden! Beim Ernten sollte der Prozess der Umwandlung von Sonnenenergie in der Frucht abgeschlossen sein. Dies zeigt sich im Grobstofflichen darin, dass der Zucker- bzw. Kohlenhydrat-Gehalt und damit die Süße der Frucht hoch ist, und im feinstofflichen Bereich darin, dass die Farbgebung der Frucht satt und leuchtend ist. Vertrauen wir daher unseren Sinnen und lassen uns von ihnen zu einer gesunden Ernährung inspirieren!

Dabei ist zu beachten, dass dies nur für biologisch lebendige und unveränderte Nahrung, z. B. aus dem eigenen Garten, gilt. Denn bei industriell erzeugten bzw. veränderten Nahrungsmitteln und Fertiggerichten, wie sie übrigens leider auch in den meisten Restaurants angeboten werden, werden die Sinne durch eine Vielzahl von Geschmacksverstärkern, künstlichen Zuckerzusatz und übermäßigen Salzgehalt sowie durch künstliche Aroma- und Farbstoffe verwirrt. Ihnen wird suggeriert, dass die Nahrung wertvolle Stoffe enthalte; faktisch aber handelt es sich um sogenannte leere Kalorienträger, die im Nachhinein ein Mangelgefühl zurücklassen, welches der Körper durch erneuten Hunger auszugleichen versucht. Es ist daher für eine gute Ernährung wesentlich, darauf zu achten, dass wir möglichst ursprüngliche, naturbelassene Lebensmittel verwenden.

von links: Ringelblumen, Hokkaido-Kürbisse und Johannisbeeren aus dem Kloster Gerode

Auberginen-Moussaka

mediterrane Versuchung

Zutaten:

800 g	Auberginen
	Salz
4 EL	Olivenöl zum Anbraten
1 Packung	Mozzarella (125 g), in Scheiben geschnitten

Zutaten Tomatensauce:

2 EL	Olivenöl zum Anbraten
1	Zwiebel, fein gewürfelt
6	Tomaten, gewürfelt
	Salz
	Honig oder Zucker
	Pfeffer, Rosmarin, Basilikum

Zubereitung:

Auberginen in 1 cm dicke Scheiben schneiden, salzen und ca. 30 Minuten ziehen lassen. Anschließend mit Küchenpapier trocken tupfen. Olivenöl in einer Pfanne erhitzen und die Auberginenscheiben von beiden Seiten darin anbraten.

Für die Tomatensauce das Öl in einem Topf erhitzen und darin die Zwiebelwürfel andünsten. Tomatenwürfel dazugeben und köcheln. Würzen mit Salz, Honig (oder Zucker), Pfeffer, Rosmarin und Basilikum. Die Sauce so lange köcheln, bis die Tomaten weich sind (10 - 15 Minuten), pürieren und nochmals abschmecken.
Tomatensauce, Auberginen- und Mozzarella-Scheiben in einer Auflaufform schichten. Im vorgeheizten Backofen mit Ober- und Unterhitze bei 180 °C ca. 30 Minuten garen.

Chicorée in Sesamsauce

versteckte Raffinesse

Vegan

Zutaten:

600 g	Chicorée, halbiert
etwas	Wasser
300 g	rote Paprika
1 EL	Ghee oder Öl (vegan)
1 Msp	Hingash (Asafoetida)
1 TL	Ingwer, gerieben
½	Chilischote, fein geschnitten
1 TL	Curry
¼ TL	Kurkuma
¼ TL	Koriander, gemahlen
100 ml	Kokosmilch
50 g	Sesammus
	Salz, Pfeffer
½ Bund	glatte Petersilie, fein geschnitten

Zubereitung:

Chicorée im Dämpfeinsatz in ca. 10 Minuten gar dämpfen. Paprikaschoten vierteln, von den Kernen befreien, in etwas Wasser in knapp 10 Minuten weich kochen und anschließend pürieren.
Ghee/Öl in einem Topf erhitzen. Hingash, Ingwer, Chili, Curry, Kurkuma und Koriander hinzufügen und zu einer Paste verrühren. Kokosmilch, Sesammus und Paprikapüree zufügen und 10 Minuten köcheln lassen.

Mit Salz und Pfeffer abschmecken. Die Sesamsauce über den Chicorée geben und mit fein geschnittener Petersilie bestreuen.

Pak-Choi-Auflauf mit Blätterteig

Zutaten:

450 g	Pak Choi
250 g	rote und gelbe Paprika
4 EL	Sesamöl
1 gestr. TL	Kräutersalz
1 Msp	Rosmarin, gemahlen
1 Msp	Muskat
1 EL	geröstetes Sesamöl
1 Blatt	Tiefkühl-Blätterteig, aufgetaut und in schmale Streifen geschnitten
1	Eigelb

Zubereitung:

Pak-Choi-Blätter und -Stiele voneinander trennen, beides in Streifen schneiden. Paprika in ca. 1 cm große Stücke schneiden. Sesamöl in einer Pfanne heiß werden lassen. Darin die Paprikawürfel anbraten, die Pak-Choi-Stiele dazugeben und mitdünsten, zuletzt das Grün vom Pak Choi hinzufügen und ebenfalls mitdünsten. Mit Kräutersalz, Rosmarin und Muskat würzen und das geröstete Sesamöl hinzufügen. Es verleiht dem Gericht eine besondere, nussige Note.

Das gegarte Gemüse in eine Auflaufform füllen. Mit den Blätterteigstreifen belegen, so dass ein Gittermuster entsteht. Das Blätterteiggitter mit dem verquirlten Eigelb bestreichen.

In den Backofen schieben und ca. 20 Minuten bei 200 °C backen.

Tipp: Anstelle von Pak Choi kann auch Mangold verwendet werden.

Gefüllte Champignons

Zutaten:

8	große Champignons
2	mittelgroße Zwiebeln, gehackt
1 EL	Butter
300 g	Spinat oder anderes Blattgemüse, fein geschnitten
	Salz
	Pfeffer
	Muskat
50 g	Käse (Parmesan oder Gorgonzola)

Zubereitung:

Champignons putzen. Stiele herausbrechen und fein würfeln. Zwiebelstücke in Butter andünsten. Blattgemüse und Champignonstiele dazugeben, mit Salz, Pfeffer und Muskat würzen und ca. 5 Minuten bissfest garen.

Die Champignonhüte mit der Gemüse-Champignon-Masse füllen. Den Käse reiben (Parmesan) bzw. in kleine Stücke schneiden (Gorgonzola) und darüber verteilen.

Die Champignons in eine Auflaufform legen, ein wenig Wasser in die Form gießen. Im vorgeheizten Backofen zugedeckt bei 150 °C ca. 30 Minuten garen.

Porreeschnecken

Zutaten für den Teig:

300 g	Mehl
½ Pck.	Hefe oder Trockenhefe
1 TL	Salz
1 Prise	Zucker
200 ml	lauwarmes Wasser
30 g	Butter, zerlassen

Zutaten für die Füllung:

400 g	Porree (2 Stangen)
60 g	Räuchertofu, sehr fein gewürfelt
4 EL	Olivenöl
1 EL	Shoyu
1 EL	Butter
	Salz, Pfeffer

Zubereitung:

Hefeteig: Mehl in eine Schüssel füllen. In die Mitte eine Mulde formen, darin Hefe mit Salz, Zucker, Wasser und etwas Mehl zu einem Vorteig mischen. 15 Minuten gehen lassen, restliches Mehl und Butter unter den Teig mischen. 15 Minuten gehen lassen.

Füllung: Porreestangen in feine Stücke schneiden. Räuchertofu-Würfel in Öl anbraten, Shoyu hinzufügen. Den fein geschnittenen Porree und Butter zugeben, anbraten und zugedeckt gar dünsten, mit Salz und Pfeffer abschmecken. Die Füllung auf ein Backblech oder in eine flache Form streichen und auf Zimmertemperatur abkühlen lassen. Den Teig zu 2 Rechtecken ausrollen (ca. 25 x 35 cm). Den Porree auf dem Teig verteilen, dabei 1 - 2 cm Rand frei lassen. Den Teig mit dem Porree längs aufrollen und die Rolle in 3 cm dicke Scheiben schneiden. Die Scheiben in zerlassener Butter wenden und in eine gebutterte Spring- oder Auflaufform setzen.

10 Minuten bei 75 °C vorbacken, dann 30 - 40 Minuten bei 180 °C ausbacken.

Tipp für Eilige: Statt Hefeteig kann man auch Tiefkühlblätterteig nehmen.

Rote Bete mit Schafskäse

Zutaten:

600 g	Rote Bete
1	Zwiebel, in dünne Ringe geschnitten
3 - 4 EL	Olivenöl
½ TL	Rosmarin, gemahlen
½ TL	Thymian, gerebelt
⅛ l	Wasser
1 EL	Balsamessig (oder Zitronensaft)
	Salz
	Pfeffer
1 Bund	frischer Basilikum
200 g	Feta, gebröselt

Zubereitung:

Rote Bete kochen (je nach Größe ca. 60 Minuten Garzeit) und schälen, dann in ca. 0,5 cm dünne Scheiben schneiden und eine Platte damit auslegen.

Zwiebelringe in Olivenöl anbraten. Rosmarin sowie Thymian dazugeben und mit Wasser ablöschen. Balsamessig, Salz und Pfeffer hinzufügen und lauwarm über die Rote-Bete-Scheiben geben.

Mit Basilikumblättern und gebröseltem Feta garnieren.

Rote Bete „Winterzauber“

Zutaten:

800 g	Rote Bete
1 EL	Ghee
1 TL	schwarze Senfkörner
1 TL	Kreuzkümmel, ganz
1 TL	Kreuzkümmel, gemahlen
1 TL	Koriander, gemahlen
1 TL	Ingwer, gemahlen
1 TL	Kurkuma
2 Msp	schwarzer Pfeffer, gemahlen
¼ TL	Hingash (Asafoetida)
¼ TL	Zimt, gemahlen
1 TL	Rohrohrzucker
⅛ l	heißes Wasser
2	Zitronen, Saft
250 ml	Crème fraîche
	Pfeffer, Salz
evtl. 1 Prise	Cayennepfeffer

Zubereitung:

Rote Bete schälen und mundgerecht würfeln.

Ghee im Topf erhitzen und darin Senfkörner und Kreuzkümmel kurz anbraten. Die anderen Gewürze hinzufügen und anrösten.

Rote Bete, Rohrohrzucker, Wasser und etwas Salz hineingeben und alles ca. 1 Stunde bei mittlerer Hitze köcheln lassen. Ab und zu umrühren.

Zum Schluss Zitronensaft, Crème fraîche und Pfeffer unterrühren, mit Salz und evtl. Cayennepfeffer abschmecken.

Sellerieschnitzel

lecker und einfach – einfach lecker!

Zutaten:

800 g	Sellerieknollen
1 l	Salzwasser (1 TL Salz)
1 Tasse	Mehl
1 - 2	Eier
1 Tasse	Semmelbrösel zum Panieren
	Ghee oder Kokosfett

Zubereitung:

Sellerieknollen schälen und in 1 cm dicke Scheiben schneiden. Salzwasser zum Kochen bringen und die Selleriescheiben darin in 10 - 15 Minuten bissfest kochen. Die Selleriescheiben herausnehmen und etwas abkühlen lassen. (Die Brühe eignet sich hervorragend für eine Suppe.)
Die Scheiben mit Küchenkrepp trocken tupfen und nacheinander in Mehl, verquirltem Ei und Semmelbröseln wälzen.

Die panierten Schnitzel in Ghee oder Kokosfett goldgelb anbraten.

Tipp: Man kann die Schnitzel auch mit Sesamkörnern statt Semmelbröseln panieren. Das Rezept eignet sich auch für Steckrüben, Kartoffeln oder Zucchini.

Zucchinipuffer

Zutaten:

400 g	mehligkochende Kartoffeln
600 g	Zucchini
1 Bund	Petersilie, gehackt
1 Bund	Dill, gehackt
2	Eier
3 EL	Weizenvollkornmehl
etwas	Salz, Pfeffer
	Bratöl oder Kokosfett

Zubereitung:

Rohe Kartoffeln schälen, Kartoffeln und Zucchini grob raspeln und mit Kräutern, Eiern und Mehl vermischen. Bei Bedarf mehr Mehl verwenden, so dass die Masse gut bindet.
Mit Salz und Pfeffer abschmecken und in reichlich heißem Öl oder Kokosfett goldbraun ausbraten.

Dazu passt z. B. ein Gurkenraita (S. 115) oder ein Sellerie-Rohkostsalat (S. 40).

Kochkunst

Gemeinsame Mahlzeiten verbinden die Menschen. In allen Kulturen ranken sich Rituale um das gemeinsame Speisen. Die Anlässe sind ganz verschieden. Es geht darum, zusammen zu feiern, zu trauern, zu gedenken, Wichtiges zu besprechen oder einfach nur, in Gemeinschaft zu genießen. Wer Andere einlädt und sie beköstigt, zeigt dadurch, dass die Gäste ihm etwas bedeuten. Dabei sagt die Gestaltung der Mahlzeit viel über den Gastgeber aus.

Wenn Sie kochen, dann geht es um die eigene innere Einstellung, denn ein liebevoll zubereitetes Essen hebt den körperlichen, emotionalen und geistigen Zustand der Beköstigten und der Kochenden! Wer mit Herz und Verstand zu kochen versteht, trägt durch die Mahlzeit zum Wohl der Menschen und der Umgebung bei.

In der Gastronomie findet gegenwärtig in diesem Bereich eine Wandlung statt: Spitzenköche haben längst begonnen, sich von starren Vorgaben, zum Beispiel der traditionellen Haute Cuisine Frankreichs, zu lösen. Sie machen sich zunehmend unabhängig von der Dekoration mit Michelin-Sternen. Als Koch möchte man seinen Gästen etwas Neues, etwas Frisches, wirklich Kreatives bereiten. Gerade die vegetarische Küche bietet hier viele Möglichkeiten, wie Sie Ihre Gäste überraschen können.

Spinat mit Schafskäse

Zutaten:

500 g	frischer Spinat (oder Tiefkühl-Blattspinat)
1 EL	Ghee
2 TL	Koriander, gemahlen
½ TL	Kurkuma
1 Msp	schwarzer Pfeffer, gemahlen
1 Msp	Cayennepfeffer
2 Msp	Hingash (Asafoetida)
3 EL	Wasser
1 TL	Salz
	Pfeffer
	Butter
250 g	Schafskäse

Zubereitung:

Spinat grob in Streifen schneiden (oder Tiefkühlspinat auftauen und abtropfen lassen). Ghee in einem Topf erhitzen und die gemahlenen Gewürze sanft darin anrösten.

Zu dem Spinat 3 EL Wasser geben und bei niedriger Temperatur gar dünsten (ca. 10 Minuten). Mit Salz und Pfeffer abschmecken.

Das Gemüse in eine gebutterte Auflaufform geben und den Schafskäse darüber verteilen. Im Backofen bei ca. 180 °C (Grill und Umluft) 3 - 5 Minuten auf mittlerer Schiene backen, bis der Schafskäse etwas Farbe gewinnt.

Gefüllte Tomaten

Vegan

Zutaten:

4	Tomaten
125 g	Räuchertofu, fein gewürfelt
2 EL	Olivenöl
1 TL	Shoyu
1	kleine Zwiebel, fein gehackt
1	Möhre, fein gewürfelt
1	Stengel Staudensellerie, fein gewürfelt
100 g	gekochter Quinoa
	Kräuter: z. B. Basilikum, Oregano, Thymian, Liebstöckel, frisch oder getrocknet
	Salz
	Cayennepfeffer

Zubereitung:

Tomaten auf den Stielansatz stellen, von der anderen Seite einen kleinen Deckel abschneiden und mit einem Teelöffel Fruchtfleisch und Kerne ausheben. (Der Inhalt lässt sich anderweitig verwenden, z. B. für eine Tomatensauce.)

Räuchertofu in 1 EL Olivenöl knusprig anbraten, mit Shoyu löschen, verrühren und beiseite stellen. Zwiebel im restlichen Olivenöl kurz andünsten. Möhre und Staudensellerie hinzufügen und bei niedriger Temperatur in ca. 5 Minuten gar dünsten.
Räuchertofu und Quinoa dazu geben, die Kräuter unterheben und mit Salz und Cayennepfeffer abschmecken.

Die Tomaten mit der Masse füllen, die Deckel aufsetzen und in eine Auflaufform stellen, Wasser zugeben, so dass der Boden der Form ca. 0,5 cm bedeckt ist. Im vorgeheizten Backofen bei 180 °C ca. 20 Minuten garen.

Variation für die Füllung: Tomaten nur ein wenig aushöhlen und mit je 2 Rosinen, 1 Msp frisch geriebenem Ingwer und 1 Butterflocke füllen.

Gebackene Süßkartoffeln

mit Parmesan

Zutaten:

600 g	Süßkartoffeln
	Kräutersalz
	Butter
	Parmesan

Tipp: Sehr lecker schmeckt es auch, wenn man die Süßkartoffelscheiben mit ca. 100 ml Sahne begießt, bevor man sie in den Ofen schiebt.

Zubereitung:

Süßkartoffeln schälen und in ½ cm dicke Scheiben schneiden, mit Kräutersalz bestreuen. Eine Auflaufform buttern. Die Scheiben dachziegelartig dicht an dicht schichten. Mit Parmesan bestreuen und einige Butterflöckchen obenauf setzen. Kein Wasser zugeben!

Die Auflaufform abdecken und im vorgeheizten Backofen bei 180 °C ca. 45 Minuten backen, bis die Scheiben weich sind.

Mangoldbällchen

Zutaten:

300 g	Mangold
4 EL	Butter
500 g	Weißbrot, trocken
400 ml	Sojadrink
6 EL	Seidentofu
100 g	Mehl
4 EL	Speisestärke
	Salz, Pfeffer
	Muskatnuss, frisch gerieben
400 g	Kirschtomaten
2 EL	Olivenöl
75 g	Mandelkerne mit Haut, grob gehackt
	Rosmarin, frisch oder getrocknet

Zubereitung:

Die großen Mangoldstiele entfernen, Blätter und kleine Stiele fein schneiden und mit 1 EL Butter glasig dünsten. Brot in ca. 1 cm große Würfel schneiden. Brot, Mangoldblätter, Sojadrink, 1 EL Butter, Tofu, Mehl und Stärke mit den Händen gut verkneten, mit Salz, Pfeffer und Muskat würzen, eine homogene Masse herstellen und ca. 16 kleine Bällchen formen. Die Bällchen in siedendes Salzwasser geben. Wenn sie an die Oberfläche steigen, noch ca. 10 Minuten ziehen lassen.

Tomaten waschen und auf Küchenkrepp abtropfen lassen. Öl in einer Pfanne erhitzen. Die Tomaten mit Rosmarin kurz braten, bis die Haut beginnt aufzuplatzen. Mit Salz und Pfeffer würzen.

Die Mangoldbällchen aus dem Wasser nehmen, abtropfen lassen, mit den gehackten Mandeln und der restlichen Butter in einer Pfanne schwenken, bis sie heiß sind und auf den glasierten Tomaten anrichten.

Tofu, Seitan & Co.

Chili con Seitan
Chinagemüse mit Tofu und Reis
Dhal von Kichererbsen
Dhal von gelben oder roten Linsen
Gebackener Schafskäse
Tofu im Sesammantel
Seitan in Rahmsauce
Knusprige Tempeh-Taler
Tofu-Sesam-Happen mit Chili-Dip

Vegan

Chili con Seitan

Feurige Versuchung

Zutaten:

120 g	Kidney-Bohnen, getrocknet (oder gekocht, dann 250 g)
250 g	Seitan
100 g	Paprika, gewürfelt
50 g	Zwiebeln, fein gewürfelt
2 EL	Öl zum Anbraten
100 g	Maiskörner (Glas)
100 g	Tomaten, gewürfelt
½ TL	Majoran
½ TL	Oregano
½ TL	Thymian
1 Msp	Cayennepfeffer
	Salz, Pfeffer
100 g	passierte Tomaten

Zubereitung:

Bohnen über Nacht einweichen. Das Einweichwasser abgießen, mit frischem Wasser ca. zwei Stunden kochen. Alternativ kann man fertig gekochte Bohnen verwenden.

Seitan klein schneiden und zusammen mit Paprika und Zwiebeln in Öl anbraten. Maiskörner und Tomaten dazugeben, Gewürze hinzufügen und 5 - 10 Minuten schmoren. Die gekochten Bohnen und die passierten Tomaten untermischen, alles zusammen noch einmal erhitzen und abschmecken.

Chinagemüse mit Tofu und Reis

Grüße aus Fernost

Vegan

Zutaten:

200 g	Tofu
1 EL	Shoyu
1 EL	frischer Ingwer, gerieben
2 EL	Olivenöl
200 g	Möhren, in Stifte geschnitten
200 g	Kohlrabi, in Stifte geschnitten
	Salz
	Pfeffer

Zubereitung:

Tofu auf einer mittleren Reibe reiben, mit Shoyu und Ingwer mischen und eine Stunde ziehen lassen.

Olivenöl in eine Pfanne geben und Gemüsestifte anbraten. Anschließend bei sanfter Hitze ca. 5 Minuten schmoren, bis sie fast gar sind. Den Tofu dazugeben, in der Pfanne heiß werden lassen, abschmecken und sofort servieren.

Deko-Tipp: Eine Suppenschale mit Öl ausstreichen, mit einer Portion Reis befüllen und auf einen vorgewärmten Teller stürzen. Das Gemüse um den Reis herum verteilen.
Variation: Das Gericht schmeckt auch mit Chinakohl und Paprika.

Dhal von Kichererbsen

Lachen ist gesund!

Zutaten:

250 g	Kichererbsen, über Nacht in reichlich Wasser eingeweicht
½ EL	Ghee
½ TL	Kreuzkümmel, ganz
1 TL	Kurkuma
1 Msp	schwarzer Pfeffer
1 Msp	Ingwer, gemahlen
1 Msp	Muskat
2 Msp	Kreuzkümmel, gemahlen
2 Msp	Hingash (Asafoetida)
100 g	Tomaten, gewürfelt
100 g	Kartoffeln, gewürfelt
2 - 3	Lorbeerblätter
650 ml	Gemüsebrühe oder Wasser
	Salz, Pfeffer
	frische Kräuter (z. B. Petersilie)

Zubereitung:

Ghee in einem Topf erhitzen. Zunächst Kreuzkümmelsamen anrösten, dann gemahlene Gewürze hinzufügen und mitrösten. Kartoffel- und Tomatenwürfel hinzufügen, einige Minuten schmoren lassen. Kichererbsen abgießen und mit den Lorbeerblättern zum Gemüse geben. Mit Gemüsebrühe oder Wasser aufgießen und zum Kochen bringen. Bei mittlerer Temperatur ca. 1 Stunde gar kochen. Bei Bedarf nach und nach etwas Flüssigkeit dazugeben. Wenn die Kichererbsen weich sind, alles pürieren, bis die gewünschte Konsistenz erreicht ist.

Zum Schluss mit Salz und Pfeffer abschmecken und mit Kräutern verfeinern. Dieses Rezept ergibt ca. 1 l Dhal und reicht mit Reis serviert für etwa 8 Personen.

Dhal von gelben oder roten Linsen

Zutaten:

250 g	gelbe oder rote Linsen
1 EL	Ghee
1 TL	Kurkuma
½ TL	Kreuzkümmel, gemahlen
1 Prise	Cayennepfeffer
2 Prisen	Ingwerpulver
2 Prisen	Muskat
2 Prisen	Hingash (Asafoetida)
100 g	Tomaten, gewürfelt oder Möhren, geraspelt
100 g	Kartoffeln, gewürfelt
2	Lorbeerblätter
650 ml	Brühe oder Wasser
1 gestr. TL	Salz
½ gestr. TL	Pfeffer
	frische Kräuter (z. B. Petersilie, Koriander)

Zubereitung:

Linsen gründlich waschen. Ghee erhitzen und gemahlene Gewürze darin kurz anrösten. Tomaten (oder Möhren) und Kartoffeln hinzufügen und kurz anschmoren.

Linsen, Lorbeerblätter und Brühe dazugeben, aufkochen und ca. 20 Minuten köcheln lassen. Mit Salz und Pfeffer abschmecken und mit Kräutern bestreut servieren. Dieses Rezept ergibt ca. 1 l Dhal und reicht mit Reis serviert für etwa 8 Personen.

Tipp: Hülsenfrüchte immer erst zum Ende der Garzeit salzen. Das Salz verlängert sonst die Garzeit.

Dhal

Dhals sind Gerichte aus Hülsenfrüchten, vor allem aus geschälten und gespaltenen Linsen, aber auch aus Bohnen, Erbsen oder Kichererbsen.

Die indische Küche kennt viele Arten von Dhal, je nachdem, welche Hülsenfrüchte, Gewürze und sonstigen Zutaten verwendet werden. Neben den bei uns bekannten Linsen (schwarze, grüne, rote, gelbe) gibt es in Indien noch weitere gängige Hülsenfrüchte für die Dhal-Zubereitung.

Dabei wird sowohl das Gericht wie auch die Hülsenfrucht selbst als Dhal bezeichnet (z. B. Toor-Dhal = Strauchererbsen, Channa-Dhal = gespaltene Kichererbsen, Mung-Dhal = grüne Mung-Bohnen, Urad-Dhal = schwarze Linsenbohnen).

Hülsenfrüchte besitzen vor allem ein hohes Maß an leicht verdaulichem Eiweiß (ca. 25 %) und eignen sich daher besonders gut für eine fleischlose oder fleischarme Ernährung - auch in Kombination mit anderen Eiweißträgern in einer Mahlzeit (Getreide, Reis, Naturjoghurt, andere Hülsenfrüchte) .

Weitere Inhaltsstoffe von Hülsenfrüchten und somit von Dhal sind Kohlenhydrate, die B-Vitamine Thiamin und Folsäure, Eisen und Zink.

Zu den Gewürzen: Dhal-Gerichte sind äußerst schmackhaft durch die Verwendung vieler Gewürze, die zudem noch sehr gesund sind: Kurkuma, Koriander, Kreuzkümmel, Ingwer, Chili.

Dhal von Kichererbsen

Gebackener Schafskäse

Zutaten:

	Olivenöl
2	Tomaten, in feine Scheiben geschnitten
1	Zwiebel, in feine Scheiben geschnitten
1	Paprika, in feine Streifen geschnitten
	Kräuter der Provence oder Oregano
	Salz oder Kräutersalz, Pfeffer
200 - 300 g	Schafskäse, in Scheiben geschnitten

Manouri ist ein schmackhafter griechischer Molkenkäse aus Schaf- und Ziegenmilch und eignet sich ebenso für dieses Gericht. Manouri ähnelt dem Feta, ist aber milder, cremiger und weniger gesalzen.

Zubereitung:

Eine Auflaufform mit Olivenöl einpinseln. Eine Schicht Gemüse auf dem Boden verteilen. Mit Kräutern der Provence oder Oregano, Salz und Pfeffer würzen.

Schafskäsescheiben darauf legen. Darüber nochmals eine Schicht der Gemüsescheiben legen und würzen wie zuvor. Mit Olivenöl begießen.

Die Auflaufform abdecken und im Backofen bei 180 °C ca. 45 Minuten backen.

Tofu im Sesammantel

auf Paprikasauce

Zutaten:

160 g	Tofu
3 EL	Ingwer, frisch gerieben
4 EL	Shoyu
1	Zwiebel, in Würfel geschnitten
1	gelbe Paprika, in Würfel geschnitten
1	rote Paprika, in Würfel geschnitten
3	Tomaten, in Würfel geschnitten
3 EL	Butter oder Ghee
	Kräuter der Provence
ca. 6 EL	Mehl
1	Ei, verquirlt mit Salz und Pfeffer
ca. 6 EL	Sesamkörner oder Semmelbrösel
	Sonnenblumenöl oder Kokosfett
½ Bund	Petersilie

Zubereitung:

Tofu in Scheiben schneiden.

Ingwer mit Shoyu mischen. Tofuscheiben in der Marinade einlegen und ca. 45 Minuten ziehen lassen, ab und zu wenden.

Für die Sauce in der Zwischenzeit Zwiebel, Paprika und Tomaten in Butter oder Ghee ca. 5 Minuten weich dünsten. Zum Würzen Kräuter der Provence verwenden.
Zu einer sämigen Sauce pürieren.

Die Tofuscheiben aus der Marinade nehmen und mit Küchenkrepp trocken tupfen. Dann nacheinander in Mehl, verquirltem Ei und Sesam oder Semmelbröseln wälzen und bei mittlerer Hitze in Sonnenblumenöl oder Kokosfett ausbacken. Vorsicht, Sesam verbrennt leichter als Semmelbrösel!
Mit Petersilie garnieren.

Seitan in Rahmsauce

Zutaten:

2	Zwiebeln (mittelgroß), in Achtel geschnitten
1	Paprikaschote, in Würfel geschnitten
1 EL	Butter
400 g	Seitan, in mundgerechte Stücke geschnitten
20 g	Vollkornmehl oder Reismehl
1 Msp	frischer oder getrockneter Thymian
200 ml	Gemüsebrühe oder Soja-Marinade, worin der Seitan eingelegt war
	Sahne (nach Belieben)
	Crème Fraîche (nach Belieben)
	Salz
	Pfeffer
	Zitronensaft
	Petersilie, gehackt

Zubereitung:

Zwiebeln und Paprika in Butter anbraten. Seitanstücke dazugeben und ebenfalls anbraten.

Mehl und Thymian über die Seitanstücke streuen und mit Gemüsebrühe oder Soja-Marinade ablöschen. Etwa 5 Minuten köcheln lassen.

Mit Sahne aufgießen und nochmals erhitzen, aber nicht mehr köcheln. Nach Belieben Crème Fraîche dazugeben und verrühren.

Mit Salz, Pfeffer und Zitronensaft abschmecken. Petersilie hinzufügen und unterrühren.

Knusprige Tempeh-Taler

Vegan

Zutaten:

400 g	Tempeh
4 EL	Bratöl oder Kokosfett
	Salz

Zubereitung:

Tempeh in Scheiben schneiden, ca. ½ cm dick.
Je nachdem, in welcher Form er erhältlich ist, ergibt es runde, eckige oder ovale Scheiben.
Bratöl oder Kokosfett in einer Pfanne erhitzen. Die Tempeh-Scheiben von beiden Seiten kurz heiß anbraten. Dabei beide Seiten etwas salzen.

Tempeh ist ein Produkt aus gekochten und fermentierten Sojabohnen, traditionell hergestellt in Indonesien. Durch die Fermentierung werden blähende Stoffe der Sojabohnen abgebaut, deshalb ist Tempeh oft auch für Menschen geeignet, die Sojabohnen nicht so gut vertragen

Tofu-Sesam-Happen mit Chili-Dip

Zutaten:

500 g	fester Tofu
2 EL	frischer Ingwer, gerieben
1 EL	Rohrohrzucker
4 EL	Shoyu
150 g	Sesam
1 EL	Maismehl
2 EL	Weizenvollkornmehl
3 EL	Öl

Chili-Dip:

200 ml	Naturjoghurt
2 EL	süße Chilisauce
2 EL	Limettensaft
2 EL	Korianderblätter, gehackt

Zubereitung:

Tofu in 1 cm dicke Scheiben schneiden. Ingwer, Zucker und Shoyu verrühren. Den Tofu darin einlegen und eine Weile ziehen lassen (ca. 1 Stunde).

Sesamkörner und beide Mehlsorten miteinander verrühren. Den Tofu nun in dieser Mischung wälzen. Öl in einer Pfanne erhitzen und darin die Tofuscheiben anbraten. Anschließend auf Küchenpapier abtropfen lassen.

Für den Chili-Dip alle angegebenen Zutaten gut verrühren. Der Koriander kann auch durch andere Kräuter ersetzt werden (z. B. Petersilie).

Reis, Getreide, Kartoffeln

Rosinenreis mit Cashewnüssen
Polenta-Pizza
Tabouleh
Kartoffel-Apfel-Auflauf
Bulgur auf türkische Art
Hirseblume
Salbeikartoffeln mit Fenchel

Rosinenreis mit Cashewnüssen

Zutaten:

200 g	weißer Reis (z. B. Basmatireis)
½ - 1 EL	Ghee
1 TL	Kurkuma
2 EL	Rosinen
3 EL	Cashewnüsse
400 ml	Wasser oder Gemüsebrühe

Info: Chili-Fäden sind hauchzart geschnittene Chilischoten, die sich hervorragend als Dekoration eignen, sei es für feste Speisen wie hier auf dem Reis, oder auch auf Suppen. Sie sind so leicht, dass sie auch auf eine Suppe einfach aufgelegt werden können. Für Chili-Fäden werden meist milde Sorten verwendet, welche das jeweilige Gericht mit einer angenehm fruchtigen Schärfe bereichern.

Zubereitung:

Reis in fließendem Wasser gründlich waschen und abtropfen lassen. Ghee im Topf erwärmen. Kurkuma kurz anrösten. Rosinen und Cashews zugeben und mitrösten.

Den Reis zugeben, alles miteinander vermengen. Mit Wasser oder Gemüsebrühe auffüllen, zum Kochen bringen und etwa 10 Minuten bei schwacher Hitze köcheln lassen. Bei der Garzeit bitte die Zeitangabe auf der Packung berücksichtigen.

Tipp: Als Beilage reichen 35 g Reis pro Person, als Hauptgericht benötigt man ca. 50 g Reis pro Person.

Polenta-Pizza

Zutaten:

1 l	Gemüsebrühe
1 TL	Salz
220 g	Polenta (Maisgrieß)
4 EL	Olivenöl
4 EL	Tomatenmark
	Pfeffer, Oregano, Basilikum, Thymian
2	Zwiebeln, in Ringe geschnitten
	Öl zum Anbraten
100 g	Brokkoli-Röschen
6	Tomaten, in Scheiben geschnitten
3 EL	Sesam
4 EL	Käse, gerieben (Gouda oder Emmentaler)

Zubereitung:

Gemüsebrühe mit Salz zum Kochen bringen, von der Kochstelle nehmen, Maisgrieß unter kräftigem Rühren langsam in die Gemüsebrühe hineingeben. Einmal aufkochen und danach etwas abkühlen lassen. Die Polenta auf einem Backblech ca. 1,5 cm dick ausstreichen. Olivenöl, Tomatenmark und Gewürze miteinander vermengen und die Masse auf der Polenta verstreichen.

Zwiebelringe in Öl andünsten. Brokkoliröschen in kochendem Salzwasser blanchieren, so dass sie noch bissfest bleiben. Tomatenscheiben, Zwiebelringe und blanchierte Brokkoliröschen auf der Polenta verteilen. Nachwürzen und mit Sesam und geriebenem Käse bestreuen. Im vorgeheizten Backofen bei 180 °C Umluft ca. 15 Minuten überbacken.

Je nach Geschmack können auch andere Gemüse, z. B. Paprika oder Zucchini, für den Belag verwendet werden.

Tabouleh

Vegan

Zutaten:

200 g	Couscous
450 ml	heißes, aber nicht kochendes Wasser oder Gemüsebrühe
½	kleine Zwiebel, feingehackt
¼	Gurke, kleingewürfelt
1 kleine	Tomate, kleingewürfelt
2 EL	Zitronensaft
1 EL	Olivenöl
	Salz
	Pfeffer
1 Zweig	frische Pfefferminze, feingehackt (oder 1 EL getrocknete und eingeweichte Pfefferminzblätter)
1 kl. Bund	Petersilie, feingehackt

Zubereitung:

Couscous in eine Schüssel geben, heißes Wasser dazu gießen und umrühren.
Ab und zu umrühren, damit der Couscous gut quellen kann (ca. 30 Minuten).

Inzwischen feingehackte Zwiebel 5 Minuten in heißem Wasser ziehen lassen, dann abseihen.
Alle Zutaten unter den aufgequollenen Couscous mischen und mit Salz und Pfeffer abschmecken. Eine Weile ziehen lassen.

Das Tabouleh wird lauwarm oder kalt serviert und eignet sich gut für heiße Tage.

Kartoffel-Apfel-Auflauf

Zutaten:

1 kg	Kartoffeln
2	Äpfel
2	Zwiebeln
200 ml	Sahne
	Salz
	Pfeffer
	Kräuter der Provence

Zubereitung:

Kartoffeln schälen und in Spalten schneiden. Äpfel entkernen und in Spalten schneiden. Zwiebeln schälen und in halbe Ringe schneiden.

Die drei Zutaten in eine Auflaufform schichten. Sahne mit Salz, Pfeffer und Kräutern der Provence würzen und darübergießen.

Die Auflaufform abdecken und im vorgeheizten Backofen bei 180 °C ca. 40 Minuten garen.

Bulgur auf türkische Art

Zutaten:

100 ml	Tomatenmark
50 ml	Wasser
1 Prise	Cayennepfeffer
1 Msp	Paprikapulver, süß
etwas	Rosmarin
etwas	Dill
2 EL	Butter
140 g	Bulgur
250 ml	Wasser oder Gemüsebrühe
¼	Zwiebel, fein gewürfelt
½	rote Paprika, fein gewürfelt
2 EL	Olivenöl
¼	Salatgurke
2 EL	Oliven
20 g	Feta
	Petersilie, fein gehackt
	Salz, Pfeffer
etwas	Zitronensaft

Zubereitung:

Tomatenmark mit 50 ml Wasser anrühren und mit den angegebenen Gewürzen pikant abschmecken.

Butter in einem Topf zergehen lassen. Das gewürzte Tomatenmark darin erwärmen. Bulgur zugeben und 5 Minuten köcheln lassen. Wasser oder Gemüsebrühe zugeben und den Bulgur in ca. 15 Minuten gar kochen. Anschließend in eine große Schüssel füllen und abkühlen lassen.

In der Zwischenzeit Zwiebeln und Paprika in Olivenöl gar dünsten. Gurke, Oliven und Feta fein würfeln.

Die Gemüse, Gurke, Oliven, Feta und Petersilie unter den abgekühlten Bulgur heben und mit Salz, Pfeffer und Zitronensaft abschmecken. Mit frischen Kräutern dekorieren.

Hirseblume

Fein für Feste

Vegan

Zutaten:

200 g	Hirse
500 ml	Wasser
1 EL	Butter
1	Orange, in (halbe) Scheiben geschnitten
2 EL	Petersilie, gehackt

Zubereitung:

Hirse waschen, mit kaltem Wasser ansetzen, aufkochen und bei mittlerer Temperatur in 25 Minuten gar köcheln. Butter unterrühren und 5 Minuten nachquellen lassen.

Eine Schüssel mit kaltem Wasser ausspülen und die Hirse hineingeben, vorsichtig auf einen Teller oder eine Platte stürzen, so dass sich die Hirse von der Schüssel löst. Mit Orangenscheiben blumenartig umranden und mit Petersilie großzügig bestreuen.

Dazu passen Tomatensalat (Seite 35) und das Ofengemüse (Seite 51).

Salbeikartoffeln mit Fenchel

Vegan

und Rosinen in Zitronen- oder Weißweinsauce

Zutaten Salbeikartoffeln:

12	kleine Kartoffeln
1 EL	Olivenöl
1 TL	Butter
4 Prisen	Salz
2 EL	frischer oder getrockneter Salbei

Zubereitung Salbeikartoffeln:

Kartoffeln mit der Schale im Dampfeinsatz garen, etwas abkühlen lassen und schälen (wenn man die abgekühlten Kartoffeln noch einmal in warmes Wasser legt, lassen sie sich oft leichter schälen).

Olivenöl und Butter in einer Pfanne erhitzen. Die Kartoffeln bei kleiner Temperatur gleichmäßig von allen Seiten anbraten. Mit Salz und Pfeffer würzen. Zum Schluss den gerebelten Salbei zugeben.

Gesunder Fenchel

Die Benediktinermönche wussten es bereits.

Fenchel gehört zu den Doldenblütlern. Er diente schon in der Antike den Chinesen, Indern, Griechen und Römern als Arznei und Küchengewürz. Im Mittelalter brachten ihn Benediktinermönche aus dem Mittelmeergebiet in die Schweiz und weiter nordwärts.

Verantwortlich für den Anisgeschmack ist das ätherische „Oleum Foeniculi". Dieses Öl und eine besondere Mischung aus Mineralien, Vitaminen, Stärke und Eiweiß machen den Fenchel zu einem Gemüse mit vielseitigen Heilkräften.

Fenchel bindet Schadstoffe und Fette im Darm und wirkt dadurch entgiftend sowie Cholesterin und Blutfettspiegel senkend. Er stärkt das Immunsystem und steigert die Zelltätigkeit.

Zutaten Fenchel:

2	Fenchelknollen
2 EL	Olivenöl
2 EL	Reismehl
2 Prisen	Pfeffer
2 Prisen	Muskat
150 ml	kaltes Wasser oder Gemüsebrühe
2 Prisen	Salz
1 Spritzer	Zitronensaft
evtl. 1 Schuss	Weißwein
evtl. etwas	körnige Gemüsebrühe
1 Prise	Thymian, gerebelt
½ TL	Butter
1 EL	Rosinen
1 Prise	Rohrohrzucker
40 ml	Sahne
6 - 8	Orangenscheiben

Zubereitung Fenchel:

Fenchel von der Strunkseite in ca. 1,5 cm dicke Scheiben schneiden, so dass die Blätter noch zusammengehalten werden. Olivenöl in einer Pfanne erhitzen und den Fenchel darin bei mittlerer Hitze ca. 10 Minuten andünsten, bis er bissfest ist.

Mit Reismehl sowie je einer Prise Pfeffer und Muskat bestäuben. Mit Wasser oder Gemüsebrühe aufgießen und gut verrühren.

Eine Prise Salz, Zitronensaft, eventuell Weißwein und Gemüsebrühe, Thymian, Butter, Rosinen und Rohrohrzucker zugeben und ca. 5 Minuten köcheln lassen, bis eine sämige Konsistenz erreicht ist. Mit Muskat, Pfeffer und Salz abschmecken und mit Sahne abrunden. Mit Orangenscheiben garnieren.

Tipp: Die Sauce kann auch mit geriebener Orangen- oder Zitronenschale verfeinert werden.

Saucen

Basilikumsauce
Sauce à la Marie
Möhrensauce
Meerrettichsauce
Kapern-Tofu-Zucchini-Sauce
Paprikasauce
Tomatensauce ayurvedisch
Buttermilch-Curry-Sauce (Kadhi)

Basilikumsauce

- aromatisch -

Zutaten:

25 g	Butter
40 - 60 g	Reismehl oder Weizenmehl
¼ l	Gemüsebrühe
¼ l	Reismilch oder Milch
50 ml	Sahne
	Salz, Pfeffer
1 Bund	frisches Basilikum, gehackt

Zubereitung:

Butter im Topf erhitzen, Mehl dazugeben und gut verrühren. Mit Gemüsebrühe und Milch auffüllen, zum Kochen bringen und unter ständigem Rühren ca. 5 Minuten köcheln lassen, bis die Sauce sämig ist. Sahne, Pfeffer und Salz hinzufügen, abschmecken und aufkochen. Den Topf von der Kochplatte nehmen, das Basilikum dazugeben und unterrühren. Nicht mehr kochen.

Statt Basilikum können auch andere Kräuter verwendet werden, zum Beispiel Petersilie oder Dill.

Sauce à la Marie

- deftig -

Zutaten:

2	Zwiebeln
400 g	Zucchini
100 g	Pastinaken oder Sellerie
6 EL	Olivenöl
300 ml	Wasser
5 EL	Shoyu
100 ml	Sahne

Zubereitung:

Zwiebeln, Zucchini und Pastinaken oder Sellerie schälen, würfeln und in Olivenöl gründlich anbraten. Wasser hinzufügen und die Gemüse in ca. 10 Minuten gar kochen. Shoyu und Sahne unterrühren und alles sämig pürieren. Je nach Geschmack mehr Shoyu oder Sahne hinzufügen.

Möhrensauce

- orientalisch -

Vegan

Zutaten:

2 TL	Ghee oder Olivenöl (vegan)
½	Zwiebel, gehackt
1 Prise	Cayennepfeffer
¼ TL	Kurkuma
500 g	Möhren, fein gewürfelt
2 geh. EL	Reismehl
1 l	Wasser
¼ - ½ TL	Rohrohrzucker
1 Prise	Salz
	körnige Gemüsebrühe

Zubereitung:

Ghee/Öl im Topf erhitzen, Zwiebeln glasig dünsten. Cayennepfeffer und Kurkuma kurz mitrösten. Möhren zugeben, mehrfach wenden, so dass sie vom Ghee/Öl umhüllt werden. Bei mittlerer Hitze 5 - 10 Minuten dünsten. Mit Reismehl bestäuben und umrühren. Mit heißem Wasser aufgießen, unter Rühren zum Kochen bringen, anschließend pürieren. Mit Rohrohrzucker, Salz und evtl. etwas Gemüsebrühe abschmecken.

Meerrettichsauce

- scharf -

Zutaten:

40 g	Butter
20 g	Mehl (z. B. Reismehl)
260 ml	Wasser
100 ml	Sahne
1 - 2 EL	Meerrettich aus dem Glas
2 Msp	getrockneter Dill
	Salz, Kräutergrün

Zubereitung:

Butter in einem Topf zerlassen. Reismehl in der Butter anschwitzen. Unter Rühren nach und nach Wasser zugeben, aufkochen und 1 - 2 Minuten köcheln lassen. Sahne zugeben, erwärmen, aber nicht mehr kochen. Mit Meerrettich bis zur gewünschten Schärfe abschmecken, mit Dill und Salz abrunden. Mit etwas Kräutergrün dekorieren.

Kapern-Tofu-Zucchini-Sauce

– delikat –

Zutaten:

100 g	Zucchini, fein gewürfelt
1 EL	Olivenöl
½ TL	Kräutersalz
40 g	Weizenvollkornmehl
200 ml	Wasser
½ TL	körnige Gemüsebrühe
100 g	Kapern
100 g	Tofu natur und geräuchert (2:1), fein gewürfelt
200 ml	Sahne

Zubereitung:

Zucchiniwürfel in Olivenöl anbraten, mit Kräutersalz würzen. Mit Weizenvollkornmehl bestäuben und mit etwas kaltem Wasser angießen. Nach und nach das ganze Wasser dazu geben und in ca. 5 Minuten sämig kochen lassen. Mit Gemüsebrühe würzen. Kapern und Tofuwürfel dazugeben. Sahne unterrühren und nochmals heiß werden lassen, aber nicht mehr kochen.

Paprikasauce

- würzig-scharf -

Zutaten:

1 gestr. TL	Paprikapulver, edelsüß
1 gestr. TL	Ingwer, gehackt
1 EL	Ghee oder Öl
1 kl.	Zwiebel (ca. 40 g), gewürfelt
200 g	Paprikaschoten, gewürfelt
60 g	Sellerie, gewürfelt
1 gestr. TL	Salz
½ gestr. TL	Pfeffer
200 ml	Wasser
1 EL	Butter oder
3 EL	Sahne

Zubereitung:

Paprikapulver und Ingwer im heißen Ghee oder Öl kurz anbraten.
Gemüse (Zwiebeln, Paprika, Sellerie) dazugeben und ein paar Minuten andünsten. Salz und Pfeffer hinzufügen und 5 - 10 Minuten schmoren, bis die Gemüse gar sind. Mit Wasser ablöschen und zum Kochen bringen.

Butter oder Sahne zur Verfeinerung hinzufügen und fein pürieren. Diese Sauce ist glutenfrei.

Vegan

Tomatensauce ayurvedisch

– fruchtig –

Zutaten:

¼ TL	Ingwerpulver
¼ TL	Kurkumapulver
1 Prise	schwarzer Pfeffer
1 Prise	Hingash (Asafoetida)
1 TL	Rosmarin, gemahlen
3 EL	Ghee oder Olivenöl (vegan)
500 g	Tomaten, gewürfelt
1 Prise	Rohrohrzucker
etwas	Oregano, frisch oder getrocknet
etwas	Thymian, frisch oder getrocknet
1 EL	Vollkorn-Dinkelmehl
	Salz

Zubereitung:

Gemahlene Gewürze in Ghee/Öl kurz anrösten (Ingwerpulver, Kurkumapulver, schwarzer Pfeffer, Hingash, Rosmarin). Tomaten, Zucker, Oregano und Thymian zufügen und 10 Minuten köcheln lassen. Mehl mit etwas kaltem Wasser anrühren, zur Tomatensauce geben und nochmals aufkochen. Nach Bedarf salzen.

Diese Tomatensauce passt beispielsweise gut zu Auberginen.

Tipp: Frische Kräuter haben mehr Aroma und Vitalstoffe als getrocknete. Sie sind zu bevorzugen und können sparsamer verwendet werden.

Buttermilch-Curry-Sauce

Kadhi

Zutaten:

8 g	Ingwer
½	Chilischote
1 TL	Ghee
2 Prisen	Hingash (Asafoetida)
½ TL	Salz
1 TL	Rohrohrzucker
½ TL	Kurkuma
½ TL	Kreuzkümmel, gemahlen
½ TL	Curry
½ TL	Curryblätter, gerebelt
250 ml	Buttermilch

Zubereitung:

Ingwer schälen und sehr fein würfeln. Chilischote (ohne Kerne) sehr fein schneiden. Ghee in einem Topf erhitzen. Ingwer und Chili anrösten bis der Ingwer weich ist. Die übrigen Gewürze hinzufügen und kurz mit anrösten. Dann Buttermilch in den Topf geben, umrühren und vorsichtig erwärmen. Bevor die Buttermilch gerinnt, den Topf vom Herd nehmen.

Der Geschmack dieser Sauce kann durch Zugabe von Tomatenwürfeln harmonisch ergänzt werden.

Raitas & Chutneys

Apfel-Chutney mit Sternanis
Aprikosen-Bananen-Chutney
Möhren-Raita
Gurken-Raita
Pfefferminz-Raita
Rote-Bete-Raita
Tomaten-Chutney

Apfel-Chutney mit Sternanis

Zutaten:

2	mittelgroße Äpfel
1	Zitrone, Saft
2 EL	Ghee
¼ TL	schwarzer Senf
¼ TL	Kurkuma
etwas	Zimt, gemahlen
2 - 3 Msp	Sternanis, gemahlen
2 Msp	Nelken, gemahlen
etwas	Koriander, gemahlen
1 Msp	schwarzer Pfeffer
1 TL	Ingwer, gerieben
1 EL	Rosinen
etwas	Wasser
etwas	Rohrohrzucker

Zubereitung:

Äpfel vierteln, vom Kerngehäuse befreien, in ca. 1 cm große Würfel schneiden und mit Zitronensaft beträufeln. Im heißen Ghee zunächst Senfkörner und danach gemahlene Gewürze kurz anrösten.

Ingwer und Rosinen dazugeben und anschmoren, die Apfelstücke hinzufügen, ein wenig Wasser zugießen (damit die Äpfel nicht ansetzen), Zucker dazugeben und 5 - 10 Minuten köcheln lassen, bis die Apfelstücke weich sind.

Mit Rohrohrzucker oder Zitronensaft nach Geschmack abrunden.

Aprikosen-Bananen-Chutney

Zutaten:

1 EL	Ghee
1 TL	Ingwer, fein gehackt
2	Zitronenscheiben, geschält und klein geschnitten
1 Prise	Zimt
1 Prise	Sternanis
1 Prise	Nelken
1 kl. Prise	Chili
500 g	frische Aprikosen, klein geschnitten
1	Banane, klein geschnitten
2 EL	Rosinen
evtl. etwas	Zitronensaft

Zubereitung:

Ghee erhitzen, Ingwer und Zitronen kurz anbraten. Übrige Gewürze hinzufügen und durchrühren.

Aprikosen, Banane und Rosinen dazugeben und einmal aufkochen. Etwas abkühlen lassen. Nach Geschmack mit Zitronensaft und Rohrohrzucker abrunden.

Tipp: Mit etwas Zitronen-Abrieb (s. Seite „Frischkäse-Zitronen-Aufstrich“ auf Seite 146) lässt sich das Chutney noch verfeinern

Möhren-Raita

Zutaten:

250 g	Möhren
250 ml	Naturjoghurt
½ TL	Salz
1 TL	Sesamsamen
1 TL	Kreuzkümmelsamen
2 EL	Ghee
2 Msp	Kurkuma
2 Msp	Koriander, gemahlen
1 Msp	Kardamom
2 Msp	Hingash (Asafoetida)
evtl. etwas	Zitronensaft

Zubereitung:

Möhren schälen und fein raspeln. Naturjoghurt glattrühren, Möhren und Salz unterheben.

Sesam und Kreuzkümmel in Ghee erhitzen. Sobald es zu schäumen beginnt, die anderen Gewürze zufügen, kurz mitrösten und unter den Joghurt rühren.

Mit Salz und eventuell Zitronensaft abschmecken.

Gurken-Raita

Zutaten:

½	Salatgurke
150 ml	Naturjoghurt
¼ TL	Kreuzkümmelsamen
½ EL	Ghee
1 kl. Prise	Cayennepfeffer
2 Prisen	Kurkuma
2 Prisen	Hingash (Asafoetida)
2 Prisen	Kardamom
2 Prisen	Koriander, gemahlen
1 Msp	Salz
etwas	Zitronensaft

Zubereitung:

Gurke schälen, fein raspeln und mit Naturjoghurt verrühren.

Kreuzkümmelsamen in einer Pfanne mit etwas Ghee anrösten. Cayennepfeffer, Kurkuma, Hingash, Kardamom und Koriander zufügen und ganz kurz mitrösten. Die gerösteten Gewürze unter den Naturjoghurt rühren. Mit einer Prise Salz und einem Spritzer Zitronensaft abschmecken. –

Tipp: Gurken-Raita passt gut zu Reis- und Gemüsegerichten - wirkt kühlend an heißen Tagen.

Pfefferminz-Raita

Zutaten:

125 ml	Naturjoghurt
1 EL	frische Pfefferminze, gehackt (ersatzweise getrocknet)
evtl.	Agavendicksaft

Zubereitung:

Naturjoghurt mit Minze verrühren. Falls getrocknete Minze verwendet wird, diese vorher kräftig zwischen den Händen zerreiben, dabei ggf. Stengel und Rispen entfernen. Eventuell mit etwas Agavendicksaft abrunden.

Raita ist eine Naturjoghurtspeise, die pikant mit aromatischen Gewürzen abgerundet wird. Diese kühle Beilage ist eine wunderbare Ergänzung zu warmen und stark gewürzten Speisen, sie mildert die Schärfe und erfrischt den Gaumen.
Im Gegensatz zu verwandten europäischen Vorspeisen, wie dem griechischen Tsatsiki, basiert Raita auf einer flexibleren Zutatenkomposition. Oft werden im Raita Gurken oder Knoblauch verwendet, ebenso Tomaten, Möhren, milde und scharfe Paprika, Zwiebeln, eingelegtes Gemüse sowie Gewürze wie Kreuzkümmel oder Kurkuma in unterschiedlichen Mengenverhältnissen.

Rote-Bete-Raita

Zutaten:

1 Tasse	Rote Bete, roh, fein geraspelt
125 ml	Naturjoghurt
2 EL	Ghee
½ TL	schwarze Senfsamen
½ TL	Kreuzkümmelsamen
1 Prise	Hingash (Asafoetida)
1 EL	Korianderblätter, fein gehackt
5	ganze Curry-Blätter
½	kleine grüne Chili-Schote, fein gehackt oder
1 Prise	Cayennepfeffer
¼ TL	Salz

Zubereitung:

Rote Bete mit dem Naturjoghurt vermischen.

Ghee in einem Topf erwärmen, Senfsamen und Kreuzkümmel erhitzen, bis die Samen zu platzen beginnen. Dann Hingash, Korianderblätter, Curryblätter und Chilischote (oder Cayennepfeffer) hinzufügen, zügig verrühren, etwas abkühlen lassen und unter den Naturjoghurt ziehen. Mit Salz abschmecken.

Tipp: Dieser Raita schmeckt auch mit gekochter Roter Bete sehr gut.

Tomaten-Chutney

Zutaten:

1 TL	Ghee
½ TL	Kreuzkümmel, ganz
½ TL	Senfsamen, schwarz
½	Zwiebel, gewürfelt
4	Tomaten, gehäutet und gewürfelt
2 Prisen	Kurkuma
1 EL	Rosinen
5 g	frischer Ingwer, fein gewürfelt
1 Prise	Hingash (Asafoetida)
2 Msp	Koriander, gemahlen
2 Prisen	schwarzer Pfeffer, frisch gemahlen
2 Prisen	Salz
1 EL	Zitronensaft, frisch gepresst
2 - 3 TL	Rohrohrzucker

Zubereitung:

Ghee in einem Topf erhitzen. Kreuzkümmel und Senfsamen kurz anrösten. Zwiebel zugeben und 5 Minuten bei mittlerer Temperatur dünsten. Tomatenwürfel, Kurkuma, Rosinen und Ingwer nacheinander zugeben, nach jeder Zutat umrühren und alles zusammen 5 Minuten köcheln lassen. Nun die restlichen Gewürze unterrühren und mit Salz abschmecken.

Das Chutney etwa 15 Minuten im offenen Topf köcheln lassen, bis die Tomaten weich sind und die Flüssigkeit etwas eingekocht ist. Jetzt Zitronensaft und Zucker zufügen und umrühren. Nochmals 5 Minuten köcheln lassen. In einem dekorativen Gefäß anrichten und servieren.

Festliches Buffet im Kloster Gerode

Desserts

Aroniapudding
Beerentraum
Erdbeerschnee
Erdbeeren in Sanddornsauce
Veganer Himbeerkuchen
Mango-Lassi
Lassi mit Rosenwasser
Pfirsich-Lassi mit frischer Minze
Tiramisù
Harzer Gebirgstorte
Stracciatella-Quark
Laddu
Waffeln mit Herz
Waffeln, gluten- und eifrei

Die Aroniabeere

Die Aroniabeere (Aronia melanocarpa) oder Apfelbeere ist botanisch gesehen keine Beere, sondern zählt zum Kernobst. Der besondere Wert dieser Beere liegt in ihrem einzigartig hohen Gehalt an Antioxidantien.

Alle Bestandteile der Beere besitzen diese vorbeugende und heilsame Potenz. Deswegen werden sowohl der Saft als auch die getrockneten Beeren verwendet. Auch die getrockneten Schalen und der getrocknete Trester aus der Saftherstellung werden weiterverarbeitet.

2010 wurden im Kloster Gerode drei Aronia-Plantagen angelegt, die mit viel Liebe und Aufmerksamkeit gepflegt werden. Die Produkte aus diesem Anbau haben einen einzigartig köstlichen Geschmack.

Viele Beeren und Lebensmittel mit roten oder schwarzen Pflanzenfarbstoffen enthalten diese Antioxidantien, aber Spitzenreiter ist die Aroniabeere. Aufgrund dieser Tatsache ist die Aroniabeere ein besonderer „Gesundbrunnen“.

Antioxidantien binden und neutralisieren die freien Radikale, die im Körper schädigend und krankheitsauslösend wirken. Ein Likörgläschen Aroniasaft pro Tag wirkt in hohem Maße gesundheitsstärkend und präventiv gegen zahlreiche Erkrankungen.

Aroniapudding

Zutaten:

1 Pck.	Vanillepuddingpulver
300 ml	Apfelsaft
200 ml	Aroniasaft
2 TL	Rohrohrzucker
100 ml	Sahne
1 Prise	Zimt
1 Prise	Kardamom

Garnierung:

100 ml	Sahne
40 g	Mandelblättchen, geröstet wahlweise auch Pistazien, Nüsse oder Schokoladenstreusel

Zubereitung:

Puddingpulver mit etwas Apfelsaft anrühren. Den restlichen Apfelsaft, Aroniasaft und Zucker zum Kochen bringen. Sobald es kocht, den angerührten Pudding hinein geben, dabei kräftig rühren. Sahne zugeben und noch einmal zum Kochen bringen. Zimt und Kardamom hinzufügen und den Pudding in Gläser abfüllen, die vorher kalt ausgespült wurden.

Für die Garnierung Sahne schlagen, auf den abgekühlten Pudding setzen und mit gerösteten Mandeln, Pistazien, Nüssen oder Schokostreuseln dekorieren.

Beerentraum

Zutaten:

100 g	Baiser
300 g	Sahne
1 EL	Rohrohrzucker
500 g	tiefgekühlte Beerenmischung (Himbeeren, Blaubeeren, Brombeeren)

Tipp: Diese Nachspeise schmeckt traumhaft. Besonders lecker ist sie, wenn die Beeren noch halb gefroren sind.

Zubereitung:

Baiser klein bröseln. Sahne mit dem Zucker steif schlagen.

Die Zutaten in eine Schüssel schichten: Eine Lage Baiser (ca. 2 cm) auf dem Boden verteilen, Tiefkühlbeeren darauf streuen, geschlagene Sahne darüber verteilen und fortfahren, bis die Schüssel gefüllt ist.

Erdbeerschnee

Zutaten:

200 ml	Sahne
400 ml	Naturjoghurt
1	Vanilleschote (Mark) oder etwas Bourbon-Vanille
2 Prisen	Kardamom
½ Prise	Salz
1 Spritzer	Zitronensaft
2 Prisen	löslicher Getreidekaffee
2 - 3 TL	Agavendicksaft
400 g	frische Erdbeeren
	Zitronenscheiben
	Zitronenmelisseblättchen

Zubereitung:

Sahne steif schlagen, mit Naturjoghurt verrühren und mit Vanille, Kardamom, einer winzigen Prise Salz, Zitronensaft, Getreidekaffee und Agavendicksaft zu einer frischen Creme abschmecken.

Erdbeeren je nach Größe vierteln oder halbieren und vorsichtig unterheben.

Mit einigen Erdbeerstücken, Zitronenscheiben und Zitronenmelisseblättchen dekorieren.

Erdbeeren in Sanddornsauce

Zutaten:

100 ml	Sanddornsauce oder Sanddornmarmelade
100 ml	Schmand oder Crème fraîche
100 ml	Sahne, geschlagen
2 EL	Honig oder Agavendicksaft
1 Prise	Zimt
500 g	Erdbeeren, in Scheiben oder Achtel geschnitten

Zubereitung:

Sanddornsauce, Schmand, Schlagsahne, Honig oder Agavendicksaft miteinander verrühren und mit Zimt würzen.

Erdbeeren unter die Sauce heben. Ob nachgesüßt werden muss, hängt vom Zuckergehalt der Erdbeeren und der Süße der Sanddornsauce ab.

Veganer Himbeerkuchen

Vegan

Zutaten für den Teig:

400 g	Sojajoghurt
2 EL	Leinsamen, geschrotet
150 ml	Sonnenblumenöl (hoch erhitzbar)
300 g	Dinkelmehl (Type 630)
3 TL	Backpulver
50 g	Mandeln, gemahlen
100 g	Rohrohrzucker
1 Pck.	Vanillezucker
1 Prise	Salz

Für den Belag:

200 g	Weizenmehl (Type 630)
200 g	Zucker
200 g	Kokosraspeln
1 Prise	Salz
200 g	Margarine
750 g	Himbeeren (tiefgekühlt oder frisch)

Zubereitung:

Teig: Sojajoghurt, Leinsamen und Öl verrühren und 10 Minuten ziehen lassen. Übrige Zutaten ebenfalls miteinander vermischen. Mit der Joghurt-Öl-Mischung verrühren.

Belag: Mehl mit Zucker, Kokosraspeln und Salz mischen. Margarine erwärmen, die Mehl-Kokos-Mischung einrühren und alles zu Streuseln verarbeiten. Himbeeren auf dem Teig verteilen, Kokosstreusel darüberstreuen. Den Kuchen im vorgeheizten Ofen bei 180 °C auf der mittleren Schiene 35 – 40 Minuten backen und danach noch 10 Minuten im ausgeschalteten Ofen ziehen lassen. Ergibt ca. 25 Stück. Den Kuchen lauwarm oder kalt servieren.

Mango-Lassi

Zutaten:

⅓ l	Naturjoghurt
⅔ l	Wasser
1	reife Mango, püriert oder Mangomark
1 Prise	Kardamom
1 Prise	Ingwerpulver
1 EL	Rohrohrzucker

Zubereitung:

Alle Zutaten miteinander verrühren (mit Schneebesen oder Mixer). In Gläser abfüllen.

Lassi wird in der ayurvedischen Küche gerne vor dem oder zum Hauptgericht getrunken. Es wird mit Zimmertemperatur serviert, so unterstützt es den Verdauungsvorgang.

Für besondere Anlässe in eine Untertasse etwas Rohrohrzucker geben. Den Rand der Gläser in einer Schale mit Wasser anfeuchten. Dann das Glas im Zucker drehen, so dass etwas Zucker am Rand verbleibt. Das Lassi vorsichtig einfüllen. Mit einem frisch gepflückten Minzblatt oder Rosenblättern dekorieren.

Lassi mit Rosenwasser

Zutaten:

⅓ l	Naturjoghurt
⅔ l	Wasser
1 gute Prise	Kardamom
5 EL	Rohrohrzucker oder Agavendicksaft
2 EL	Rosenwasser
	Rosenblätter zum Garnieren

Zubereitung:

Die Zutaten mit Schneebesen oder Mixer gründlich miteinander verrühren. In Gläser abfüllen und mit Rosenblättern garnieren.

Kardamom gehört zur Familie der Ingwergewächse. Die Samen der Kardamompflanze enthalten ein terpenreiches ätherisches Öl. Dieses wirkt wachstumshemmend auf Bakterien und Pilze und steigert die Magensaft- und Gallensekretion. Kardamom wird in der ayurvedischen Medizin zur Behandlung von Verdauungsbeschwerden wie Blähungen und Völlegefühl angewandt.

Pfirsich-Lassi mit frischer Minze

Zutaten:

⅓ l	Naturjoghurt
⅔ l	Wasser
2 Prisen	Getreidekaffeepulver
1 EL	Rohrohrzucker
1	Pfirsich, püriert
1 Prise	Kardamom
1 Prise	Ingwerpulver
1 Prise	Pfefferminzblätter, getrocknet
4	Minzblätter, frisch

Zubereitung:

Naturjoghurt und Wasser miteinander verrühren. Die übrigen Zutaten nacheinander unterrühren und mit einem Schneebesen kräftig schlagen. Zum Schluss Pfefferminze zwischen den Fingern fein zerreiben und zugeben. Mit Minzblättern dekorieren.

Herbst und Winter

Die Süße des Lebens

Die Spätherbst- und Winterzeit ist für viele Menschen eine Zeit der Süßigkeiten. Süße hat ganz bestimmte Wirkungen auf unseren Körper. Dieser ist stets bestrebt, seine innere Balance zu halten und gleicht Veränderungen in der Umwelt durch den Appetit auf Speisen bestimmter Geschmacksrichtungen aus. Körper und Seele stellen sich im Herbst auf die kalte und dunkle Jahreszeit ein. Der Körper profitiert daher im Winter von warmen, nahrhaften und durchaus auch einmal süßen Speisen. Speisen mit süßer Geschmacksrichtung stillen den Hunger, nähren den Körper und vermitteln ein Glücksgefühl. Auch die moderne Forschung sieht übrigens einen Zusammenhang zwischen süßen Speisen und Glücksempfinden.

Zu beachten ist dabei, dass die süße Geschmacksrichtung nicht nur mit weißem Zucker oder Schokolade gleichgesetzt werden kann. Weißer Reis, Milch, Nudeln, Brot, Butter und Ghee gelten zum Beispiel auch als süße Nahrungsmittel. Gemüse mit natürlicher Süße sind Fenchel, Kürbis, Süßkartoffel, Erbsen, Karotten, Kartoffeln, Blumenkohl und Brokkoli. Natürliche Süßungsmittel sind z.B. Dicksäfte (Agave, Birne, Apfel), Rohrohrzucker, Melasse sowie alle Trockenfrüchte. Honig nimmt aufgrund seiner erwärmenden Langzeitwirkung eine Sonderstellung bei den Süßungsmitteln ein. Er regt das Verdauungsfeuer an und hilft durch seine stoffwechsel-aktivierende Wirkung, das Körpergewicht zu reduzieren - im Gegensatz zu allen anderen Süßungsmitteln. Ein Plus bei chronischen Erkältungskrankheiten: Honig wirkt der Verschleimung entgegen. (Honig jedoch nicht für Kleinkinder und Babies verwenden, ihr Verdauungssystem ist noch nicht genug ausgebildet.)

Kälte und Dunkelheit des Winters lassen uns instinktiv Schutz suchen. Unser Gemüt hat es schwerer, wenn die Sonne weniger Licht und Wärme spendet. Der gesamte Hormonhaushalt wird durch den Tag-Nacht-Rhythmus beeinflusst. Sonne und Glückshormone stehen miteinander in engem Zusammenhang: Scheint die Sonne, so regt dies die lichtempfängliche Zirbeldrüse an, eine Hormondrüse, die mit Bewusstsein und Spiritualität in Beziehung steht. Der Körper erzeugt Serotonin, das sogenannte „Glückshormon". Wenn wir nun während der dunklen Jahreszeit weniger Sonnenlicht empfangen und daher einen niedrigeren Serotoninspiegel im Körper haben, ist es wichtig, sich anderweitig „Lichtblicke" zu verschaffen. Hier kann Vitamin D als Nahrungsergänzung eine gute Unterstützung sein.

Wenn wir achtsam auf die Signale des Körpers hören, erfahren wir, wie wir unserem ganzen System helfen können, wieder ins Gleichgewicht zu kommen. Denn der Körper besitzt eine ihm innewohnende Intelligenz, die uns den Weg zur inneren Ausgeglichenheit weist. Wenn wir dem Körper Gutes tun, dann nähren wir damit auch unsere emotionale Ebene und vermindern die jahreszeitlich bedingten Stimmungsschwankungen.

Auch der geistige und soziale Austausch mit anderen Menschen ist wichtig und hebt die Stimmung mehr als ein sogenannter „gemütlicher Fernsehabend". Künstliches Licht wie das von Bildschirmen verbucht unser Nervensystem unter Dunkelheit. Ein Spaziergang, auch bei

trübem Wetter, trägt dagegen zur Deckung des Lichtbedarfs bei und verschafft dem Körper Bewegung, was besonders in den Wintermonaten ein wichtiger Stimmungsaufheller ist.

Eine wertvolle Möglichkeit, gerade in der kalten Jahreszeit das innere Feuer zu stärken, bietet z. B. frischer Ingwer, ein Gewürz, das uns durch sein südliches Feuer, in der Wurzel gespeichert, wohltuend erwärmt. Frischer Ingwer ist vielseitig verwendbar (siehe u.a. Seite 15). Süßen Speisen wie Dinkelbrei oder Apfelmus verleiht er Pfiff. Ebenso passt er zu Eiweißgerichten wie Tofu und Dhal. Suppen, Chutneys und Gemüsegerichte bekommen durch ihn eine erfrischende Schärfe. Ingwerwurzel gilt im Ayurveda als ein wirksames Heilmittel, welches das Immunsystem stärkt sowie Blähungen und Bauchschmerzen lindert, indem es Magen und Darm unterstützt. Ingwer kann, therapeutisch angewendet, blutverdünnend wirken, das Herz stärken, ernährungsbedingt erhöhten Cholesterinspiegel sowie erhöhten Blutdruck senken. Als Saft, Tee oder mit heißer Zitrone getrunken lindert er Husten und andere Erkältungssymptome. Durch die Verbrennung und Ausleitung von Giftstoffen aus dem Darm kann er Entgiftung unterstützen. In mäßiger Dosierung (bis etwa 10 Gramm) wirkt Ingwer als mildes Abführmittel. Wie bei allem gilt es auch hier, das rechte Maß zu finden. Mehr als 10 Gramm pro Tag sind dem Körper eines Erwachsenen nicht zuträglich; Kinder bedürfen ohnehin einer mild gewürzten Nahrung, da ihr Stoffwechsel noch im Aufbau ist und nicht soviel Verbrennung verträgt.

Menschen, die selbst eine heiße Natur haben, sollten im Umgang mit Ingwer sparsam sein und ihn möglichst durch gleichzeitige Einnahme von Koriander, welcher kühlend wirkt, oder durch Kreuzkümmel, der besänftigend wirkt, ausgleichen. Das aus getrocknetem Ingwer gewonnene Pulver ist im Vergleich zum frischen Ingwer in seiner Eigenschaft von mehr trockener und heißer Qualität. Es ist förderlich für Menschen, denen von ihrer Konstitution her das Feuer eher fehlt.

Frischer Ingwer zeigt kaum Fäden, er ist sehr saftig und lässt sich gut schneiden, hacken, raspeln. Die Intensität des Geschmacks lässt sich fein abstimmen: Wird der Ingwer gehackt verwendet, kommt im fertigen Gericht viel von seiner Schärfe durch; wird er geraspelt, mildert sich seine Schärfe erheblich.

Wenn wir Wissen, eigenes Beobachten, waches Erleben und Präsenz im Handeln und zusammenfließen lassen, kann uns die Herausforderung eines langen Winters in der Küche zu Mahlzeiten inspirieren, die Lebenskraft und Lebensmut stärken.

Tiramisù

Zutaten:

200 ml	Kaffee oder Getreidekaffee
evtl. 2 EL	Rum (oder Amaretto)
2	Eier
3 EL	Rohrohrzucker
3 Prisen	Bourbon-Vanille oder Vanillezucker
200 g	Mascarpone (oder Schmand)
½	Bio-Zitrone, die abgeriebene Schale
20	Löffelbiskuits
	Kakao

Fruchtige Sommervariante: Anstelle von Kaffee zum Beträufeln der Biskuits Orangensaft verwenden. Ein Stückchen von der Orangenschale reiben und zur Creme geben. Das Tiramisù mit 250 g halbierten Erdbeeren belegen. Mit Kakao bestäuben.

Zubereitung:

Kaffee kochen und abkühlen lassen. Es kann auch löslicher Kaffee sein. Gegebenenfalls Rum unter den kalten Kaffee mischen.

Eier trennen. Eigelb und Rohrohrzucker mit Vanille zu einer schaumigen Masse schlagen, bis sich der Zucker vollständig aufgelöst hat. Mascarpone und Zitronenschale unterheben. Das Eiweiß steif schlagen und ebenfalls unterheben (mit einigen Körnchen Salz gelingt der Eischnee besonders gut).

Die Hälfte der Löffelbiskuits mit der ungezuckerten Seite nach oben in einer flachen Form auslegen und mit so viel Kaffee begießen, dass er ganz aufgesogen wird. Die Hälfte der Mascarponecreme darüberstreichen. Denselben Vorgang nochmals wiederholen: Löffelbiskuits, Kaffee, Creme.
Das Tiramisù für einige Stunden kalt stellen und vor dem Servieren mit Kakao bestäuben.

Harzer Gebirgstorte

Zutaten für den Teig:

6	Eigelb
100 g	Zucker
100 g	Haselnüsse, gemahlen
3 EL	Mehl
100 g	Zartbitterschokolade, grob geraspelt
6	Eiweiß, zu Eischnee geschlagen

Für den Guss:

400 ml	Sahne, steif geschlagen
100 g	Zartbitterschokolade
2 EL	Kokosfett
100 ml	flüssige Sahne

Zubereitung:

Aus den angegebenen Zutaten einen Teig herstellen. Zum Schluss Eischnee unterheben. Den Teig in einer kleinen Springform (26 cm) bei 180 °C Umluft etwa 25 Minuten backen. Ein bis zwei Stunden abkühlen lassen.

Geschlagene Sahne auf den abgekühlten Tortenboden streichen. Für den Guss die zweite Tafel Zartbitterschokolade und das Kokosfett flüssig werden lassen und 100 ml flüssige Sahne unterrühren. Die Schokoladenmasse auf die geschlagene Sahne streichen und mit einer Gabel „Berge" hochziehen.

Stracciatella-Quark

Zutaten:

200 g	Quark
1 gestr. EL	Zucker
80 ml	Milch
80 g	dunkle Schokolade, geraspelt
200 ml	Sahne
	frische Pfefferminze (zur Dekoration)

Zubereitung:

Quark mit Zucker und Milch glatt rühren. 70 g der Schokoladenstreusel unterziehen.
Sahne steif schlagen und unter den Quark ziehen. In Dessertgläser füllen, mit den restlichen Schokoladenraspeln verzieren und mit Pfefferminzblättern dekorieren.

Laddu

Indische Köstlichkeit

Zutaten:

150 g	Ghee
120 g	Rohrohrzucker
200 g	Kichererbsenmehl, geröstet
2 Msp	Kardamom, gemahlen
1 Msp	Ingwer, gemahlen
2 EL	Kokosflocken
	Rosinen, gehackte Pistazien, Kokosraspeln oder -flocken

Zubereitung:

Ghee schmelzen, Rohrohrzucker einrühren, Kichererbsenmehl mit den Gewürzen dazugeben und ca. 2 Minuten auf kleiner Flamme unter ständigem Rühren bewegen. Kokosflocken unterrühren und vom Herd nehmen. Nun die Masse auf ein Blech streichen, mit Rosinen, gehackten Pistazien oder Kokosraspeln dekorieren und kühl stellen.

Die abgekühlte Masse in Würfel oder Rauten schneiden. Alternativ kann man aus dem noch warmen Teig auch kleine Laddu-Kugeln formen und sie in Kokosflocken wälzen.

Im Kühlschrank aufbewahrt, halten sie sich bis zu zehn Tagen.

Waffeln mit Herz

Zutaten:

250 g	Butter, Zimmertemperatur
100 g	Puderzucker
1 Pck.	Vanillezucker
½ TL	Salz
6	Eier
ca. 50 g	Rohmarzipan, gerieben
125 ml	Crème fraîche, lauwarm
250 g	Mehl
evtl.	Mineralwasser zum Verdünnen

Füllung:

200 ml	Sahne, steif geschlagen
100 ml	Kirschmarmelade oder Rote Grütze
	Zitronenmelisse-Blätter zum Garnieren

Zubereitung:

Butter, Puderzucker, Vanillezucker und Salz verrühren, bis eine schaumige weiße Masse entstanden ist. Eier nach und nach dazugeben, Rohmarzipan und Crème fraîche unterrühren. Mehl mit einem Holzlöffel unterheben, bis eine glatte Masse entsteht. Evtl. Mineralwasser zum Verdünnen zugeben. Portionsweise im Waffeleisen backen.
Sahne und Kirschmarmelade zwischen zwei gebackene Waffeln füllen.

Varianten: Ein Teil des Mehls (ca. 50 g) kann durch gemahlene Mandeln, Haselnüsse oder Kokosraspeln ersetzt werden. Weitere leckere Varianten entstehen mit Zimt, Ingwer, Kakao oder Zitronenschale. Viel Freude beim Experimentieren!

Waffeln, gluten- und eifrei

Zutaten:

250 g	Sahne
250 g	Wasser
400 g	Buchweizenmehl
4 EL	gemahlene Leinsaat
4 EL	Butter, zerlassen
½ TL	Salz
evtl.	Mineralwasser zum Verdünnen

Zubereitung:

Alle Zutaten verrühren, bis eine glatte Masse entsteht. Mindestens eine halbe Stunde quellen lassen, nochmals durchrühren. Mineralwasser macht den Teig etwas dünnflüssiger. Portionsweise im Waffeleisen backen.

Tipp: Die Waffeln können mit Agavendicksaft gesüßt oder herzhaft mit einer Portion Soja- oder Kräuterquark verzehrt werden.

Weitere Köstlichkeiten

Brot und Brötchen
Rote-Bete-Meerettich-Brotaufstrich
Frischkäse-Zitronen-Aufstrich
Möhren-Brotaufstrich
Polenta-Frühstücksbrei
Buchweizen-Frühstücksbrei
Geröstete Sonnenblumenkerne
Gesalzene Cashewnüsse
Pachana
Chai – indischer Gewürztee

Brot und Brötchen

Zutaten:

40 g	frische Hefe
500 ml	Wasser, lauwarm
1000 g	Vollkorn-Dinkelmehl
1 TL	Zucker
3 EL	Olivenöl
2 TL	Salz
2 EL	Milch oder Sojamilch

Zubereitung:

Hefe in einer Tasse mit etwas lauwarmem Wasser und 2 EL Mehl auflösen, Zucker hinzufügen.

Restliches Mehl in eine Schüssel geben, Hefe dazugeben und nach und nach das restliche Wasser, Olivenöl und Salz miteinander verkneten, bis ein elastischer Teig entsteht.

Alles zugedeckt an einen warmen Ort stellen und mindestens 45 Minuten gehen lassen.

Den Teig nochmals ca. 5 Minuten auf einem Brett kräftig kneten und teilen. Aus der einen Hälfte ein Brot formen. Den restlichen Teig zu einer Rolle formen (ca. 8 - 10 cm Durchmesser) und in ca. 5 cm breite Scheiben schneiden. Diese zu 8 - 10 Brötchen formen.

Brot und Brötchen auf ein Backblech mit Backpapier setzen, zudecken und nochmals ½ Stunde gehen lassen. In der Zwischenzeit den Ofen auf 150 - 175 °C vorheizen. Das Backblech in den Ofen schieben. Die Brötchen sind nach 20 Minuten fertig, das Brot 10 Minuten später.

Ein unvergleichlicher Duft zieht durch die Küche.

Tipp: Dieses Rezept kann beliebig abgewandelt werden. Eine herzhafte Note bekommt das Brot, wenn Kräuter der Provence oder klein geschnittene Oliven zugefügt werden.

1 EL Kurkuma und etwas frisch gemahlener schwarzer Pfeffer unter das Mehl gemischt, bringen einen zusätzlichen Gesundheitswert und eine schöne Farbe.

Rote-Bete-Meerettich-Brotaufstrich

Vegan

Zutaten:

100 g	Rote Bete
50 g	frischer Meerrettich (ersatzweise aus dem Glas)
50 g	Sonnenblumenkerne
2 EL	Sonnenblumenöl
½ TL	Zitronensaft
½ TL	Salz

Zubereitung:

Rote Bete kochen (je nach Größe ca. 60 Minuten), abkühlen lassen und raspeln. Meerrettich schälen und anschließend fein reiben.

Sonnenblumenkerne fein pürieren. Mit Rote Bete, Meerrettich, Sonnenblumenöl, Zitronensaft und Salz mixen, bis eine cremige Paste entsteht.

In ein Glas abfüllen. Dieser Brotaufstrich hält sich einige Tage im Kühlschrank.

Schmeckt lecker auf frischgebackenem Brot oder zu Pellkartoffeln.

Frischkäse-Zitronen-Aufstrich

Zutaten:

200 g	Frischkäse natur
ca. 20 ml	Wasser
1 - 2 TL	Zitronensaft
etwas	Bio-Zitronenschale, gerieben

Hinweis: Für den Zitronenabrieb eine Zitrone aus biologischem Anbau verwenden und nur die äußere gelbe Schicht, in der sich die Aromaöle befinden, abreiben – die weiße Haut schmeckt bitter.

Zubereitung:

Frischkäse und Wasser miteinander verrühren. Zitronensaft und abgeriebene Zitronenschale unter die Frischkäsemasse heben. Abfüllen und hübsch dekorieren.

Durch die Zitrone erhält dieser Aufstrich eine frische, kühlende Note. Er eignet sich gut für ein sommerliches Abendessen, z. B. mit Ciabatta-Brot. Auch zu Pellkartoffeln scheckt er gut.

Möhren-Brotaufstrich

Zutaten:

20 g	Zwiebeln, fein gehackt
30 g	Butter
200 g	Möhren, geraspelt
30 g	Tomatenmark
1 Prise	Oregano
1 Prise	Kräutersalz
1 Prise	Curry
1 Prise	Rosenpaprika

Zubereitung:

Zwiebeln in Butter dünsten. Geraspelte Möhren dazugeben und in ca. 10 Minuten weich dünsten.

Tomatenmark hinzufügen und alles miteinander verrühren.

Mit Oregano, Kräutersalz, Curry und Rosenpaprika abschmecken.

★ Polenta-Frühstücksbrei

Zutaten:

1 EL	Ghee
½ TL	Koriander, gemahlen
½ TL	Kardamom
100 g	Minuten-Polenta
1 EL	Rosinen
600 ml	heißes Wasser
etwas	Mandelblättchen
½ EL	Zimt, nach Belieben
etwas	frischer Ingwer, nach Belieben

Zubereitung:

Ghee in einen Topf geben und heiß werden lassen. Koriander und Kardamom dazugeben und einige Sekunden anrösten. Polenta und Rosinen dazugeben und ebenfalls anrösten. Dabei mehrmals umrühren.

Den Topf von der heißen Platte nehmen. Unter kräftigem Rühren das heiße Wasser zufügen. Beiseite stellen und ausquellen lassen. Mit Mandelblättchen dekoriert servieren. Zimt und fein geriebenen Ingwer dazu reichen.

Buchweizen-Frühstücksbrei

Kasha

Zutaten:

2 Tassen	Buchweizen
4 Tassen	Wasser
4 EL	Haferflocken
1 - 2 Tassen	Reis- oder Kokosmilch
2 Prisen	Salz
2 EL	Ghee

Zubereitung:

Buchweizen in der Pfanne leicht anrösten. Wasser dazugeben, aufkochen, auf niedriger Stufe ca. 20 Minuten köcheln und anschließend 10 Minuten ausquellen lassen.

Haferflocken, Reis- oder Kokosmilch dazugeben und gleichmäßig unterrühren. Kurz aufkochen und bei kleinster Hitze erneut ausquellen lassen. Salz dazugeben und das Ghee unter den fertigen Brei rühren.

Es empfiehlt sich, den Brei einige Minuten vor dem Servieren ruhen zu lassen.

Tipp: Mit Honig und Sesammus verfeinern. Das rundet den Geschmack ab.

Geröstete Sonnenblumenkerne

Vegan

Zutaten:

2 EL	Sonnenblumenkerne
1 – 2 EL	Shoyu

Zubereitung:

Sonnenblumenkerne in einer Pfanne bei milder Hitze ohne Fett ca. 5 Minuten von allen Seiten gleichmäßig rösten. Dabei öfters umrühren!

Wer es gerne pikanter möchte, kann die noch heißen Sonnenblumenkerne mit Shoyu mischen. Abkühlen lassen.

Samen und Nüsse
Nach der Lehre des Ayurveda haben Samen und Nüsse eine regenerative, wärmende und nährende Wirkung. Sie sind schwer, ölig und süß in ihren Eigenschaften. Sie liefern Eiweiß, Eisen und Mineralstoffe. Einige geröstete Sonnenblumenkerne als Dekoration auf Salat oder Gemüse sind daher eine wertvolle Ergänzung einer vegetarischen Mahlzeit.

Gesalzene Cashewnüsse

Vegan

Zutaten:

2 Tassen	rohe Cashewnüsse
½ - 1 TL	Salz
1 TL	Koriander, gemahlen

Zubereitung:

Alle Zutaten in einer kleinen Schüssel gut vermischen.

Pachana

Vegan

Zutaten:

2 Prisen	Salz
1 EL	Wasser, warm
4 EL	Fenchelsamen
4 EL	Sesamkörner
2 TL	Kreuzkümmel, ganz
1 TL	Sternanis, ganz

Zubereitung:

Salz in einem Esslöffel warmen Wasser auflösen. Fenchelsamen in einer trockenen Pfanne bei mittlerer Temperatur von allen Seiten gleichmäßig leicht anrösten. In ein Schälchen geben. Mit dem Salzwasser beträufeln und wenden, bis die Körner wieder trocken sind. Sesam, Kreuzkümmel und Sternanis ebenfalls in einer trockenen Pfanne anrösten. Mit dem Fenchel mischen. Das Pachana in Schälchen vor und nach den Mahlzeiten reichen. Etwa einen Teelöffel davon essen und gut kauen. Die köstliche Gewürzmischung erfrischt anhaltend den Atem und fördert die Verdauung.

Chai – Indischer Gewürztee

Zutaten:

½ TL	Kardamom, gemahlen
4	Nelken
1 TL	Fenchelsamen
1 TL	Anis, gemahlen
1	Zimtstange
½ TL	frischer Ingwer, fein gehackt
1 l	Wasser
200 ml	Milch oder 150 ml Sahne
2 geh. EL	Assam-Tee

Zubereitung:

Gewürze in einem Topf mit dem Wasser zum Kochen bringen, umrühren und bei geringer Hitze im geschlossenen Topf ca. 20 Minuten köcheln lassen. Milch oder Sahne zugeben und aufkochen lassen. Zum Schluss schwarzen Tee hinzugeben, noch einmal aufkochen, dann auf kleinste Stufe stellen und einige Minuten ziehen lassen. Den Gewürztee durch ein Sieb direkt in die Tassen oder in eine Kanne gießen.

Lebensmittelkunde

Polenta

Polenta ist Maisgrieß. Grieß ist vermutlich die älteste Zubereitungsform für Getreide, die heute noch aktuell ist. Die antiken Römer bereiteten den nahrhaften Brei allerdings zunächst aus Dinkel oder Hirse und verfeinerten ihn mit Gemüse, Speck oder anderen Zutaten, die noch in der antiken Vorratskammer zu finden waren. Gegessen wurde er kalt oder warm. Nachdem Mais aus der Neuen Welt nach Venedig gelangt war, wurde die Polenta nur noch aus Mais hergestellt. Doch nicht nur die Italiener lieben den nahrhaften Brei, der reich an Kalium, Magnesium, Eisen und Kieselsäure ist. In regionalen Variationen kommt Polenta nach wie vor von Spanien bis Russland auf den Esstisch.

Polenta kann sowohl cremige Vorspeise als auch Hauptspeise und Beilage sein (z. B. zu Eintöpfen und Gemüse). Sie kann mit Wasser oder Milch gekocht werden und wird gerne mit Butter oder Käse verfeinert. Polenta wird heiß aus dem Topf serviert oder auf ein Blech gestrichen und in Stücke geschnitten.

Hirse

Hirse enthält kein Gluten und ist daher leicht verdaulich, gut bekömmlich und bildet im Organismus keinen Schleim. Daher ist sie für Menschen, die Probleme mit Gluten haben, eine gute Alternative zu anderen Getreidesorten. Hirse ist nicht nur gesund, sondern sie macht auch schön! Der hohe Anteil an Kieselsäure, der in dem kleinen Getreidekorn steckt, wirkt kräftigend auf Haare und Fingernägel und sorgt für ein gesundes Hautbild.

Die Hirse zählt beim Eisengehalt im Vergleich zu anderen Getreidearten zu den Spitzenreitern. Das wertvolle Getreide enthält zwei- bis dreimal mehr Eisen als Weizen und liefert damit einen optimalen Beitrag für die Blutbildung. Besonders Frauen wissen diese positive Wirkung der Hirse zu schätzen.

Sesam

Sesam ist eine der ältesten Ölpflanzen überhaupt. In Indien ist der Gebrauch von Sesam bis ins 2. Jahrtausend v. Chr. nachweisbar. Heute wird Sesam vor allem in Asien und Afrika angebaut und verwendet. Die kleinen Sesamkörner sind die Samen der Sesampflanze, einer krautigen, einjährigen Pflanze, die etwa 120 cm hoch wird. Aus ihnen wird das Sesamöl hergestellt. Es ist das bevorzugte Öl in der chinesischen, japanischen und arabischen Küche. Es hält sich lange, ohne ranzig zu werden. Erhältlich ist Sesamöl auch aus gerösteten Körnern, das den Gerichten ein angenehm nussiges Aroma verleiht.

Tahin nennt man das ölhaltige, sehr nahrhafte Mus, das aus gemahlenen Sesamkörnern hergestellt wird. Es kann pur als Brotaufstrich dienen; wir bereiten daraus mit Orangen- oder Zitronensaft auch ein leckeres Salatdressing zu. Im Orient dient Tahin als Zugabe in vielen Speisen, z. B. im Hummus. Wertvoll ist Sesam auch durch den hohen Gehalt an Vitamin B, Vitamin E, Eisen, Kalzium, Eiweiß, Magnesium und zellschützendem Selen.

Quinoa

Quinoa ist ein altes Kulturgetreide der Inkas aus den Anden. Genau genommen ist es kein Getreide, sondern ein Reismelden-Gewächs mit Samen, die denen der Hirse ähneln. Quinoa hatte bei den Inkas als Grundnahrungsmittel einen ähnlich hohen Stellenwert wie Kartoffeln und Mais und wurde hoch geschätzt.

Seit einigen Jahren findet Quinoa zunehmend Verwendung in der Vollwertküche. Was Quinoa so wertvoll macht, ist die große Menge an hochwertigem Eiweiß sowie der Gehalt an wichtigen Mineralstoffen und Spurenelementen. Außerdem enthält Quinoa kein Klebereiweiß (Gluten), wodurch sie insgesamt leicht verdaulich und speziell für Menschen mit Glutenunverträglichkeit geeignet ist. Quinoa passt ebenso wie Reis gut in eine Azidose-Heilkost, da sie bei der Verstoffwechselung nur schwach säureüberschüssig wirkt.

Zur Verwendung: Quinoa kann als Beilage zubereitet werden. Des weiteren lässt sie sich in Suppen und Eintöpfen verwenden. Gekochte Quinoa lässt sich auch gut zu Bratlingen weiterverarbeiten.

Rote und gelbe Linsen

Linsen gehören zu unseren ältesten Kulturpflanzen. Die Hülsenfrüchte wurden schon vor 10.000 Jahren in Ägypten und Kleinasien angebaut. Gelbe Linsen sind als „Toor-Dhal" und rote Linsen als „Masur-Dhal" in der indischen Küche beliebt. Sie verkochen schnell cremig zu Brei und bilden die Basis für würzige Pürees (Dhals). Die Kombination aus hochwertigem Eiweiß und Kohlenhydraten sowie wenig Fett macht Linsen zu einer wertvollen Zutat für einen ausgewogenen vegetarischen Speiseplan. Dank ihrer Ballaststoffe und sogenannter komplexer Kohlenhydrate werden Linsen nur langsam verdaut. So bleibt der Blutzuckerspiegel über längere Zeit stabil, und es wird wenig Insulin „angefordert". Diese Eigenschaft macht Hülsenfrüchte hervorragend geeignet für Diabetiker.

Kurkuma

Gelbwurz, curcuma longa, Ingwergewächs

Kurkuma ist ein Jahrtausende altes ayurvedisches Heilmittel und wird schon in den ältesten indischen Schriften, den Veden, vor 5000 Jahren als Heilmittel beschrieben.

Die Wurzel Kurkuma, die „Königin der Gewürze", ist Hauptbestandteil der asiatischen Currymischungen und weit mehr als nur ein Gewürz. Kurkuma ist nicht nur in der indischen Medizin, sondern inzwischen auch in der modernen Schulmedizin als Heilmittel anerkannt.

Kurkumin, der für die Heilwirkung wichtigste Inhaltsstoff, gilt heute als der international am besten erforschte natürliche Wirkstoff. Es gibt inzwischen weltweit über 3700 wissenschaftliche Studien zur Heilwirkung von Kurkuma. Bereits 2005 wurde in den USA auf einem Ärztekongress Kurkuma als einziges Nahrungsmittel anerkannt, das bei allen Krebsarten zur Krebsvorbeugung und Behandlung eingesetzt werden kann.

Das große Spektrum an Heilwirkungen erklärt sich aus den über 600 unterschiedlichen potenziellen Heilstoffen. Kurkuma enthält neben verschiedenen Curcuminoiden und Polyphenolen sehr viele Vitamine und Mineralstoffe.

Gesundheitsschützende Wirkungen in Prävention und Therapie von:

- Allergien, Heuschnupfen
- Alzheimer, Demenz
- Arteriosklerose
- Bluthochdruck
- erhöhtem Cholesterinspiegel
- Depression
- Diabetes
- Dyspepsie Magen/Darm
- Entzündungen
- Krebs
- Magengeschwüren
- Morbus Crohn, Colitis ulcerosa
- Multipler Sklerose
- Osteoporose
- chronischer Pankreatitis
- Parkinson
- Rheumatoider Arthritis

Besonders hervorzuheben sind die positiven Wirkungen auf das Immunsystem.

Verzehrempfehlung:

Kurkuma allein wird vom Darm kaum resorbiert und weitestgehend wieder ausgeschieden. Zusammen mit einer Prise frisch gemahlenem schwarzen Pfeffer eingenommen, erhöht sich die Resorptionsrate um das bis zu 2000-fache. Wenn Kurkuma zusammen mit etwas Fett, in Form von Öl, Joghurt oder Kokosmilch, eingenommen wird, verstärkt dies zusätzlich die Aufnahme im Darm.

1-2 mal täglich 1 Teelöffel gemahlenes Bio-Kurkuma-Wurzelpulver und eine Prise frisch gemahlenen schwarzen Pfeffer zu sich nehmen. Beim Kochen kann man Kurkuma kurz in Ghee oder Kokosöl anrösten, das verstärkt das Aroma und reduziert die Schärfe.

Leinöl und Leinsamen

Linum usitatissimum

Leinsamen gehört mit zu den nährstoffreichsten und gesündesten Lebensmitteln weltweit. Sein Anteil an Antioxidantien überragt den vieler hochwertiger Obst- und Gemüsesorten. Leinsamen liefert ein breites Spektrum an ausgezeichneten gesundheitsfördernden Nährstoffen, wie Ballaststoffe, Mineralstoffe, Antioxidantien, Vitamine und mehrfach ungesättigte Fettsäuren. Alle diese Nährstoffe unterstützen die Körperfunktionen auf eine natürliche Weise und helfen, Fehlfunktionen zu beseitigen.

Gesundheitsförderliche Inhaltsstoffe:

- Omega-3-Fettsäuren
- Phytohormone, pflanzliches Östrogen (Lignane), Stimmungsaufheller (Tryptophan)
- Zahlreiche Antioxidantien
- B-Vitamine, wie das Riboflavin, Niacin, Thiamin, Pantothensäure, Vitamin B6 und Folate
- Mineralstoffe : Mangan, Kalium, Kalzium, Eisen, Magnesium, Kupfer, Phosphor, Zink und Selen
- hochwertige Ballaststoffe

Leinöl kann das Risiko für folgende Beschwerden und Erkrankungen reduzieren oderhilfreich sein bei der Behandlung von:

- Asthma
- Autoimmunkrankheiten
- Rheuma/Arthritis
- erhöhten Blutfettwerten
- Bluthochdruck
- Diabetes
- koronarer Herzerkrankung und Schlaganfall
- erhöhtem Cholesterinspiegel
- Entzündungen
- Konzentrationsschwäche
- psychischen Störungen
- Zellentartung/Krebs
- Wechseljahrsbeschwerden

Verzehrempfehlung:

- Leinöl: 1 - 3 EL täglich
- Leinsamen: 1 - 3 mal 1 EL, fein gemahlen, gut gekaut mit reichlich Flüssigkeit einnehmen

Leinsamen lässt sich vielseitig in die tägliche Ernährung integrieren. Er kann auf Salate, Suppen, Joghurt oder ins Müsli gestreut werden. Ebenso gut schmeckt er in frischen Smoothies. Kurz vor Verzehr geschrotet oder - besser noch - fein gemahlen, kommen seine Nährstoffe, insbesondere die Lignane, voll zur Geltung.

Haltbarkeit: Leinöl ist sehr oxydationsanfällig und wird schnell ranzig. Hitze, Sauerstoff und Sonnenlicht lassen die Fettsäure oxidieren. Nur frisches, kalt gepresstes Bio-Öl verwenden und im Kühlschrank aufbewahren. Dort ist es 4 - 6 Wochen haltbar, danach nicht mehr verwenden, es kann dann gesundheitsschädlich sein. Leinöl sollte weder zum Kochen oder Braten verwendet noch erhitzt werden.

Für eine gesunde Ernährung ist ein ausgewogenes Verhältnis von Omega-6- zu Omega-3-Fettsäuren anzustreben. Es sollten nicht mehr als 3- bis maximal 5-mal soviel Omega-6- wie Omega-3-Säuren enthalten sein. Bei den heutigen Ernährungsgewohnheiten ist das Verhältnis in der Regel jedoch 10:1 bis 16:1.

Da Leinöl (neben Chiasamenöl) das einzige Pflanzenöl mit einem wesentlich höheren Anteil an Omega-3-Fettsäuren als Omega-6-Fettsäuren ist, kann es helfen, dieses ungesunde Verhältnis wieder auszugleichen und so das Risiko für chronische und entzündliche Krankheiten, wie Rheuma, Arthritis, Diabetes, Krebs, Alzheimer, Demenz oder Autoimmunkrankheiten zu reduzieren.

Kloster Gerode

Ganzheitliche Gesundheit im Alltag umgesetzt

Das Gesundheits- und Ausbildungszentrum Weg der Mitte Kloster Gerode im nördlichen Eichsfeld / Südharz steht inmitten eines zauberhaft schönen, zehn Hektar großen Anwesens mit altem Baumbestand und vielfältiger Flora und Fauna. Die alte „Paradiesquelle" mit Teich und Bächen sowie die liebliche Landschaft mit Obst- und Gemüsegärten sowie einem Heilpflanzengarten tragen zu der spürbaren Atmosphäre von Ruhe und Gelassenheit bei. Das ganze Anwesen ist von einer Klostermauer aus dem 14. Jahrhundert umgeben und bietet einen geschützten Rahmen, der dazu einlädt, sich zu entspannen und wieder Zugang zu den eigenen inneren Kräften zu finden.

Es gibt viele Gründe, warum Menschen zum Weg der Mitte ins Kloster Gerode kommen: Um zu studieren, naturheilkundliche oder körpertherapeutische Behandlungen zu erhalten, um an BenefitKuren®, Gesundheitsprogrammen und Seminaren teilzuneh-

men oder kulturelle Veranstaltungen zu besuchen - um nur einige Möglichkeiten zu nennen. Das Europäische College für Yoga und Therapie, das auch im Kloster Gerode zuhause ist, bietet fachspezifische Studiengänge sowie Aus- und Fachfortbildungen in den Bereichen BenefitYoga® und BenefitYoga®-Therapie.

Seit 1977 basiert der ganzheitliche Gesundheitsansatz des WEG DER MITTE auf dem Prinzip der Achtsamkeit. Die im Alltag umgesetzte Ganzheitlichkeit spiegelt sich in allen vier Säulen der Arbeit des WEG DER MITTE wider, z. B. im Umgang mit den angewendeten Heilverfahren, in der Bildung, im ökologischen Anbau im Kloster Gerode und natürlich auch in der Ernährung. Es wird eine Integrale Gesundheits- und Lebenspraxis vermittelt, die einen ausgewogenen individuellen Rhythmus ermöglicht.

In einer Atmosphäre, in der der Mensch in seiner Ganzheitlichkeit gesehen wird, werden unterschiedliche Möglichkeiten zu gesunder und schöpferischer Lebensgestaltung aufgezeigt, Hilfestellung für die praktische Anwendung im Alltag gegeben und jeder Einzelne dabei unterstützt, seinen eigenen Weg zu mehr Gesundheit und Harmonie zu finden – zu Self-Empowerment. Jenseits von unterschiedlichen Denkansätzen wird das Verständnis füreinander vertieft - eine gegenseitige Inspiration zum Wohle aller.

Kloster Gerode, als überkonfessionelles „Kloster der neuen Zeit", gibt eine Initialzündung für ein gesundheitliches, geistiges und heilsames Miteinander, Menschen bejahend – unabhängig von Herkunft und Alter - und global vereinend. Es ist eine konsequente Initiative, die seit Jahrzehnten im WEG DER MITTE Berlin und Kloster Gerode, Thüringen, praktisch erfahrbar und lebbar verwirklicht wird und eine einzigartige und umfassende Herangehensweise an Gesundheit und Heilung bietet, die den Menschen und seine Bedürfnisse in den Mittelpunkt stellt.

WEG DER MITTE ist Treffpunkt westlicher und östlicher Heilweisen, innovativ, interkulturell, sozial orientiert, gesellschaftlich engagiert – der Name ist unser Programm. www.wegdermitte.de

Café
Kloster Gerode

Register von Algen bis Zucchini

Herausgeber und Redaktion

WEG DER MITTE gemeinnütziger Verein für ganzheitliche Gesundheit, Bildung und Soziales

Fotos

Alle Fotos: WEG DER MITTE gem. e.V. außer:
S. 75 rechts, S. 119, S. 124 Mitte: Ralf Kruse
Ort aller Aufnahmen: Kloster Gerode

Digitalsatz

WEG DER MITTE gem. e.V.

Druck

Mecke Druck und Verlag, Duderstadt

Erscheinungsdatum

April 2019 – 2. Auflage

Kontakt

WEG DER MITTE gem. e.V.
Gesundheits- und Ausbildungszentrum
Kloster Gerode
37345 Gerode, Sonnenstein

Telefon: 036072 - 8200
klostergerode@wegdermitte.de
www.wegdermitte.de

Copyright

Der Erlös dieses Kochbuchs dient dem Ausbau der Klosterkirche Gerode.

ISBN

ISBN 978-3-86944-163-4